ECCLES COLLEGE

*for a brighter future*

ECCLES COLLEGE

*for a brighter future*

*Hans-Georg Noack,* geb. 1926, gehört zu den erfolgreichsten und meistgelesenen deutschen Jugendbuchautoren. Seine Bücher wurden in viele Sprachen übersetzt. Er selbst hat über 150 Bücher aus dem Englischen, Französischen und Holländischen ins Deutsche übertragen.

Von Hans-Georg Noack sind in den Ravensburger Taschenbüchern außerdem erschienen:

RTB 4001   Die Milchbar zur bunten Kuh (vorher RTB 201)
RTB 4003   Rolltreppe abwärts (vorher RTB 299)
RTB 4006   Benvenuto heißt willkommen (vorher RTB 374)
RTB 4007   Die Abschlußfeier (vorher RTB 385)
RTB 4012   Die Webers, eine deutsche Familie (vorher 591)
RTB 4017   Hautfarbe Nebensache (vorher RTB 696)
RTB 4092   David und Dorothee (vorher RTB 819)
               (zusammen mit Ingeborg Bayer)

Hans-Georg Noack

# TRIP

Mit einem Gespräch zwischen
Hans-Georg Noack und Dr. med. Dirk Feike

Otto Maier Ravensburg

Lizenzausgabe
als Ravensburger Taschenbuch Band 4004
(vorher RTB 320),
erschienen 1975

Die Originalausgabe erschien 1971
im Signal-Verlag Hans Frevert, Baden-Baden
© 1992 by Hans-Georg Noack

Umschlagillustration: Eberhard Weißflog

Alle Rechte dieser Ausgabe vorbehalten durch
Ravensburger Buchverlag Otto Maier GmbH
Gesamtherstellung: Ebner Ulm
Printed in Germany

28  27  26  25  24   97  96  95  94  93

ISBN 3-473-54004-8

Wenn ein Junge von der Polizei vernommen wird und noch nicht recht weiß, ob er nun Zeuge, ob er Angeklagter sein wird, dann ist seine Lage nicht erfreulich, und er wird in allem, was er aussagt, sehr behutsam sein. Was er sagt, wird schwarz auf weiß in einem Protokoll festgehalten, und am Schluß der Vernehmung wird es noch einmal vorgelesen, genehmigt und unterschrieben. Dann ist alles klar und eindeutig festgestellt, man weiß genau, wie die Sache abgelaufen ist. Es gibt keine Fragen mehr.

Oder doch?

Protokolle sind nur Gerippe aus trockenen Fragen und zögernden, wachsamen Antworten. Sie sind höchstens die Skizze zu einem Bild. Wer glaubt, er könne aus einem Protokoll das wirkliche Leben kennenlernen, der verhält sich wie jemand, der eine Reise mit allen ihren Eindrücken und Farben, Gerüchen und Geräuschen durch das Studium des Fahrplans ersetzen will.

Vielleicht meinte Polizeimeister Herburger, als er zufrieden seufzend das letzte Blatt aus der Maschine zog, er wisse nun alles über den Fall, in dem er zu ermitteln hatte. Möglich ist auch, daß Michael Grote überzeugt war, er habe alles gesagt, habe nichts verschwiegen und nichts hinzugefügt, habe die reine Wahrheit und nichts als die Wahrheit gesagt.

Und doch war das Protokoll nur ein Skelett, dem es an Fleisch und Blut fehlte, das kein Leben atmete, das nichts als eine Reihe von Tatsachen wiedergab.

Als wären Tatsachen schon die ganze Wahrheit!

Das Protokoll eines Falles, das sind ein paar Seiten beschriebenen Papiers, mehr nicht. Aber zwischen den Zeilen ist alles versteckt, was nicht aufgeschrieben wurde, weil es den Polizeimeister Herburger nicht interessierte, weil Michael Grote es nicht sagte.

Erst das Unerfragte und Ungesagte läßt aus einem Fall ein Stück Leben werden.

Ein Stück aus dem Leben des Thomas Dirks und des Michael Grote.

Und nicht nur aus ihrem Leben.

Polizist: Jetzt wollen wir uns mal ein bißchen über deinen
Freund Thomas unterhalten.
Michael: Freund ist vielleicht ein bißchen viel gesagt, Herr
Wachtmeister.

Mir gegenüber saß der Polizeibeamte Herburger hinter einer
flachen Reiseschreibmaschine, hatte einen Bogen mit mehreren Durchschlägen eingespannt und tippte mühselig mit zwei
Fingern die ersten Zeilen des Protokolls.

»Das Wacht- kannst du dir schenken«, sagte er, ohne von
seiner Arbeit aufzublicken. »Ich bin Polizeimeister. Das liegt
ein paar Gehaltsstufen höher.« Für mich war er damit schon
eingestuft und erledigt. Daß die Leute immer mit ihren Titeln protzen mußten! Polizist reichte doch aus. Das war immerhin ein Beruf. Wozu brauchte man da noch die vielen
Ränge? Aber wenn schon einer zur Kripo ging, wußte man ja
ohnehin, daß nicht viel mit ihm los sein konnte.

»Dein Freund ist er also nicht?« Der Beamte zog ein Gesicht
wie einer, der beim Skatspiel vier Asse und vier Buben auf
der Hand hat und sich wundert, daß da überhaupt noch jemand mitreizt.

»Nein, nicht mein Freund. Und das Du können Sie sich
schenken. Ich bin nämlich siebzehn, schon seit drei Jahren
konfirmiert.« Der Polizist sollte sich gar nicht erst einbilden,
daß ich etwa Angst vor ihm hätte. Warum auch? Mir konnte
doch nichts passieren!

»Mächtig erwachsen, wie?«

»Jedenfalls erwachsen genug, daß Sie ruhig Sie sagen können.«

Falls Polizeimeister Herburger sich ärgerte, ließ er sich nichts
anmerken.

»Wie Sie wollen, Michael. Wenn Thomas Dirks also nicht
Ihr Freund ist, was ist er dann? Oder wollen Sie sagen, daß
Sie ihn gar nicht kennen?«

Die Frage war tückisch. Das merkte ich nicht sofort, sondern
erst allmählich, während ich versuchte, eine Antwort darauf
zu finden.

Was war Thomas eigentlich? Dieser Thomas Dirks, den sie eben draußen auf dem Gang an mir vorbeigeführt hatten? Thomas mit einem verheulten Gesicht, das weder zu ihm noch zu seinen achtzehn Jahren paßte. Wie ein kleiner Junge, der sich verlaufen hat, so hatte er ausgesehen. So ratlos. Er mußte mich gesehen haben, wie ich auf der Bank saß und wartete, doch er hatte ein Taschentuch hervorgezogen, sich die Nase geputzt und dabei den Kopf zur Seite gedreht. Aber da wußte ich schon, daß Thomas geheult hatte. Ausgerechnet Thomas, den niemals etwas aus der Ruhe bringen konnte.

Ruhe war das falsche Wort. Es paßte gar nicht zu Thomas. Er konnte sich nicht aus der Ruhe bringen lassen, weil er niemals in Ruhe war. Immer aufgekratzt, immer lebendig. Nicht ruhig war er, sondern überlegen. Ja, das stimmte. So überlegen war er, daß man sich gern in seiner Nähe aufhielt, weil man sich dann sicherer fühlte als sonst.

Vielleicht hatte gerade diese Überlegenheit mir damals so imponiert, als Thomas in der Klasse erschien. Ein paar Sitzenbleiber kamen ja jedes Jahr hinzu, und dafür blieben andere zurück. Meistens machten die Neuen dann in den ersten Tagen einen beschämten Eindruck, als wäre eine Ehrenrunde heutzutage noch eine Schande.

Bei Thomas lag's hauptsächlich am Latein. Eine dicke Sechs. Man konnte sich kaum vorstellen, daß diese Note auch nur halbwegs gerecht gewesen war. In der zehnten Klasse stand er in Latein jedenfalls immer auf einer glatten Drei.

Der Polizist hatte anscheinend einen Fehler in seinem Protokoll entdeckt. Er schob den Wagen der Schreibmaschine zurück, zielte, tippte einen Buchstaben zwischen den Text und sah wieder zu mir herüber.

Polizist: Lassen wir das. Es ist ja nicht so wichtig, wie man das nennen will. Wie lange kennen Sie ihn denn schon?

Michael: Vor zwei Jahren ist er in meine Klasse gekommen.

Das war damals in der Neunten, und aus purem Zufall wurde Thomas mein Banknachbar, weil Bruhns krank war, der sich sonst bestimmt schon wegen Mathematik wieder neben mich gesetzt hätte. Thomas fragte nicht erst lange, warf die Mappe auf den Tisch, setzte sich und sagte:

»Tag, Michael!«

Eigentlich hatten wir uns schon kennengelernt, als ich im vergangenen Schuljahr ein paarmal als Ersatzmann in der Schulmannschaft Handball gespielt hatte. Thomas war Spielführer, und alle fanden das selbstverständlich. Wenn er dabei war, dachte man kaum an einen anderen. Vermutlich wurde er in der elften oder der zwölften Klasse auch Schulsprecher. Er war nicht nur mitten unter den anderen, sondern meistens ein Stückchen voraus. Dazu tat er gar nichts; er bemühte sich nicht darum. Er war eben so.

Vom ersten Tage an wurde er von den siebzehn Jungen der Klasse akzeptiert. Da gab es keine Probleme. Und elf der zwölf Mädchen reckten die Hälse – die zwölfte war Sabine –, beguckten ihn, tuschelten hinter vorgehaltenen Händen. Kein Wunder! Thomas sah gut aus. Er hätte als Dressman in einem Versandhaus-Katalog sein Geld verdienen können, oder auch als Reklamelächler für eine Zahnpasta.

Außerdem war er ein Jahr älter als die meisten Jungen der Klasse, und ungefähr seit einem guten Jahr nahmen die Mädchen ihre Klassenkameraden nicht mehr recht für voll. Sie schielten immer nur nach den älteren Jahrgängen. Anfangs hatte das die Jungen geärgert, dann hatten sie sich nicht drum geschert, weil sie die Mädchen ziemlich albern fanden, und inzwischen merkten sie, daß ihrerseits die Mädchen der achten Klasse nach ihnen schielten, es glich sich also alles wieder aus. Eine Freundin in der eigenen Klasse war sowieso nicht das richtige. Da gab es zu viele Möglichkeiten, sich zu blamieren.

Und dann: Thomas hatte langes Haar, alle anderen noch nicht. Das fiel auf, und daraus entstand auch sofort der erste Ärger. Ausgerechnet mit Studienrat Kröger, Mathematik. Mit dem hätte es eigentlich keine Schwierigkeiten geben dürfen, denn in Mathe war Thomas gut, und er hatte den ganzen Kram nun immerhin schon einmal durchgekaut.

Aber Kröger war einer von denen, für die langes Haar den Zusammenbruch jeder Ordnung und das Ende der zivilisierten Welt ankündigt. Er sah den Neuling in der Klasse an, als traute er seinen Augen nicht, schüttelte den Kopf, sah aus, als müßte er etwas herunterschlucken und schaffte es nicht, und sagte dann: »Bisher sahen alle Schüler dieser Klasse sehr ordentlich aus, wie es sich gehört. Manche sind zwar ein bißchen dumm, aber wenigstens ordentlich. Findest du es nicht auch bezeichnend, daß der einzige Sitzenbleiber, der uns in diesem Jahr verstärken wird, sich mit einer solchen Mähne in die Schule wagt? Ich halte das nicht nur für unmännlich, sondern außerdem auch noch für unhygienisch!«

Thomas stand auf und erklärte mit dem Lächeln, das die Mädchen an ihm mochten: »Läuse habe ich nicht, falls Sie das damit sagen wollen.«

Herrn Kröger war anzusehen, wie sehr er bedauerte, daß Ohrfeigen beamtenrechtliche Folgen nach sich ziehen können. »Nicht nur dumm, sondern auch noch frech«, stellte er fest. »Lange Haare, kurzer Verstand.«

»Wenn es wirklich an der Haarlänge liegt«, gab Thomas zurück, »dann müssen Sie fast ein Genie sein.«

Herr Kröger lief rot an, und dadurch fiel sein kärglicher Haarwuchs noch mehr auf als sonst. Er sagte nichts, doch mit dem Thema ließ er auch Thomas endgültig fallen. Dieser neue Schüler war für ihn erledigt, und er behandelte ihn in den nächsten Monaten mit berechneter Gleichgültigkeit, fragte ihn nur dann, wenn die Frage so schwierig war, daß man eine falsche oder gar keine Antwort erwarten konnte, und verriet wenig Freude, wenn Thomas wider Erwarten doch richtig anwortete.

Der Zwischenfall war für Thomas bezeichnend. Wenn er sich zu Unrecht angegriffen fühlte, wenn er meinte, jemand mische sich in seine eigenen Angelegenheiten, dann reagierte er lächelnd und frech. Von jedem anderen hätte die Antwort wie pure Unverschämtheit gewirkt, doch er nahm ihr mit seinem Lächeln und seinem verbindlichen Tonfall einen Teil der Schärfe, wirkte eher belustigt als beleidigt und schien durchaus nicht zu begreifen, daß irgend jemand sein Verhalten ungehörig finden könnte. Bei den Mitschülern errang er dadurch weit mehr Sympathien als bei den Lehrern.

Polizist: Und dann haben Sie sich mit Ihrem Klassenkameraden angefreundet? Ich meine, waren Sie von Anfang an häufiger beisammen?

Michael: Ja, so kann man das vielleicht ausdrücken.

Und so hatte es angefangen:

»Sag mal, haben wir nicht ungefähr denselben Heimweg?« Thomas klemmte die Mappe unter den Arm. »Dann könnten wir doch gemeinsam gehen. Oder bist du motorisiert?«

»Können wir. Ich bin auch Fußgänger.«

»Eure Klasse scheint ja ein ganz netter Verein zu sein?«

»Ist sie.«

»Ein paar dufte Mädchen dabei.«

»Ach, die!«

»Die ganz vorn rechts zum Beispiel, die Dunkle . . .«

»Sabine? Mach dir keine Hoffnungen. Die hat einen aus der Elften. Den Munkmann, den kennst du doch.«

»Das kann sich ja noch ändern.«

»Viel Glück!«

»Hast du auch eine?«

»Ich? Quatsch!«

»Kann sich auch noch ändern. So schlecht sind Mädchen gar nicht, wenn sie nicht gerade als ältere Schwestern auftreten.«

»Hast du welche?«

Thomas seufzte. »Zwei. Und beide halten sich für erziehungsberechtigt. Mutter und zwei Schwestern, und alles Musterexemplare. Das hält kein Mensch aus. Du hättest das Theater erleben müssen, als ich klebengeblieben bin. Großer Staatstrauertag, und tagelang morgens, mittags und abends eisige Verachtung. Ich pfeife zwar darauf, aber angenehm ist es auch nicht.«

»Den Kummer habe ich nicht.«

Wir ließen uns Zeit, bummelten die Hauptstraße entlang, blieben an den Kinos stehen und betrachteten Plakate und Fotos.

Thomas tippte gegen eine Schaukastenscheibe, hinter der sich auf bunten Bildern ein junger Mann um zwei Mädchen bemühte. »Wäre das was zum Angucken?«

»Ist doch erst ab achtzehn!«

»Das ist doch kein Hindernis. In dem Kino kenne ich die Kassiererin. Die hat früher bei uns geputzt. Bei der komme ich in jeden Film. Und außerdem hält sie auch noch den Mund. Das ist besonders wichtig. Wenn meine Mutter mal hören sollte, was ich mir so für Filme angucke, kriegt sie ihre Zustände. Wollen wir heute? Siebzehn Uhr?«

Ich schüttelte den Kopf. »Taschengeldtag ist erst übermorgen.«

»Kostet nichts.«

»Dann meinetwegen. Mal sehen, wie die Dinger so sind.«

Am Nachmittag gingen wir ins Kino und saßen in einer Loge, damit wir nicht auffielen. Der Film hielt nicht, was die Bilder versprochen hatten. Ich fand ihn meistens ziemlich blöd, ein bißchen peinlich, aber hin und wieder doch aufregend.

Auch Thomas wirkte verlegen, als das Licht wieder anging. »Alles Mist«, sagte er. »Aber bei den Pornos ist das Kino abends immer gut besucht, sagt die Kassiererin. Meistens ältere Jahrgänge. Vielleicht wollen die Erinnerungen auffrischen, oder sie wollen sich nur ein bißchen ärgern, weil sie soviel versäumt haben.«

»Ich find's zum Kotzen.«

»Aber so muß es ja nicht sein.«

»Na, ich weiß nicht.«

Das war es. Dieses Nicht-Wissen, dieses Angewiesensein auf Andeutungen; die vielen Fragen, auf die man keine Antwort wußte, die man nicht stellen konnte, weil man genau wußte, daß niemand zu einer Antwort bereit wäre, die den Fragenden ernst nähme. Das hatte nichts mit Aufklärung zu tun.

Aufklärung — was war das schon. Selbstverständlich wußte man Bescheid, aber man wußte eben doch nichts richtig.

Ein Grund mehr, sich Thomas enger anzuschließen. Der wußte zwar auch nicht alle Antworten, und sein Erfahrungsvorsprung von einem Jahr war nicht groß. Aber man konnte mit ihm reden, und das war viel wert. Er konnte sehr ernsthaft sein.

Und ausgelassen! Wie zum Beispiel gleich am nächsten Nachmittag, als wir im Hallenbad gewesen waren.

»Mal sehen, wie lange wir brauchen, bis der Bademeister sauer wird?« fragte Thomas und sprang immer genau unter dem Verbotsschild vom seitlichen Beckenrand ins Wasser. Aber der Bademeister wurde gar nicht böse. Er mußte immer lächeln, wenn er eigentlich schimpfen wollte.

Fast jeden Nachmittag waren wir nun beisammen, und da wir obendrein in der Schule Banknachbarn waren, galten wir bald als eine Einheit. Schon nach drei Wochen hatten wir einen gemeinsamen Spitznamen. Wenn in der Klasse von »Black and White« die Rede war, dann meinte man damit keinen Whisky, sondern den schwarzen Thomas und mich mit meinen weizenblonden Borsten.

Polizist: Haben Sie auch die Eltern von Thomas kennengelernt?

Michael: Ja.

Polizist: Welchen Eindruck hatten Sie von ihnen?

Michael: Einen sehr guten. Sehr ordentliche Leute. Aber oft war ich nicht bei Thomas. Meistens waren wir nur so unterwegs, oder wir saßen bei mir.

Wenn ich gewußt hätte, wie Thomas' Mutter mich anstarren würde, dann hätte ich wahrscheinlich doch lieber etwas anderes angezogen als ausgerechnet die verbeulten Cordhosen und den fleckigen Anorak. Bei uns zu Hause geht es ziemlich ordentlich zu, glaube ich. Meine Mutter ist bestimmt eine gute Hausfrau und hat ihren Laden hübsch in Schwung. Aber bei uns liegt schon einmal eine Zeitung auf dem Tisch, die nicht richtig zusammengelegt ist, oder Strickzeug auf dem Fernseher und so.

Wie ich Frau Dirks beurteile, hätte sie meine Mutter wahrscheinlich schlampig gefunden. Sobald man bei ihr ins Zimmer trat, hatte man das Gefühl, man stünde im Schaufenster eines Möbelgeschäfts. Da sah alles so ungebraucht und unverstaubt aus. Es roch nach Ordnung. Frau Dirks musterte mich von den nicht frisch geputzten Schuhen über die ausgebeulten Cordhosenknie, dem grünen Anorak mit den Colaflecken und dem gelben Halstuch bis zu meinem heute früh zum letztenmal gekämmten Haar. Erst beim Haar hellte sich ihr Gesicht ein wenig auf. Ich trug es damals noch kurz, und sie betrachtete es wohlgefällig. Dann sah sie zu ihrem Sohn hinüber und zog die Mundwinkel nach unten. Auch wenn man kein Hellseher war, wußte man sofort, daß ihr sein langes Haar im Magen lag, wenn man das so sagen kann.

Aber sonst ließ sie sich nichts anmerken. Sie war höflich und vornehm, wie es Leute in ungebrauchten und staubfreien Wohnungen wahrscheinlich immer sind. Ich weiß nicht, wie es kam, aber plötzlich versuchte ich mir vorzustellen, Thomas läge auf dem Teppich und wälzte sich da mit einem Hund herum. Es war unvorstellbar, schon wegen der Hundehaare. Wenn man sich die größte Mühe gegeben hätte, sich eine Umgebung auszudenken, in die Thomas nicht hineinpaßte, dann war es dieses Wohnzimmer.

Und er war plötzlich auch gar nicht mehr Thomas. Er saß ganz steif am Kaffeetisch und sagte nichts mehr außer unaufhörlich bitte und danke, er achtete auf fehlende Milch, auf den Zucker, auf leere Tassen und Teller und überhaupt — wie ein Ober in einem feinen Lokal, so war er plötzlich. Nicht etwa, daß ich große Erfahrungen mit feinen Lokalen hätte. Nur wenn meine Eltern Hochzeitstag haben, gehen wir gemeinsam aus und feiern den mehr oder weniger glücklichen Ehestand. Als einziger Sproß bin ich natürlich dabei, und es geht dann immer so reich zu, als wären wir's wirklich. Aber steif ist's dabei nie. Steif ist höchstens der Ober, der die Augenbrauen hebt, wenn man mal laut lacht.

Bei Thomas ging es offenbar jeden Tag so zu. Ich hatte jedenfalls nicht den Eindruck, daß man sich besonders Mühe gäbe, weil ich dabei war. Die beiden großen Schwestern wirkten genauso steif. Die eine kannte ich. Sie ging damals noch in unsere Schule und machte gerade ihr Abitur. Die andere studierte an der PH. Ähnlich sahen sie Thomas kein bißchen. Der ganze Vorrat an Hübschsein war wohl für ihn aufgespart worden. Als Thomas einmal nicht aufgepaßt hatte wie ein Schießhund und den Milchgießer seiner älteren Schwester erst reichte, als sie ihn darum gebeten hatte, war ihm das richtig peinlich.

Mir war auch etwas peinlich. Die Papierserviette war mir von den Knien gerutscht und lag auf dem Teppich. Ich versuchte, sie mit den Schuhspitzen zu fassen und soweit anzuheben, daß ich sie mit der Hand erreichen konnte, ohne unter den Tisch zu tauchen. Dabei stieß ich dann aber mit den Knien von unten an die Tischplatte, und es schepperte ein bißchen. Ich werde sonst nie rot, aber diesmal wurde ich's. Frau Dirks sah mich an, ein wenig verwundert, ein wenig angewidert, und sagte: »Sie können die Serviette ruhig aufheben, Michael. Knüllen Sie sie zusammen. Ich gebe Ihnen eine neue.« Sie redete mich mit Sie an, und das war damals noch ziemlich neu für mich. Aber ihr wäre es wahrscheinlich allzu freundschaftlich vorgekommen, wenn sie du gesagt hätte. Dann kam auch noch der Vater hinzu. Oberinspektor war er, das stand sogar draußen am Türschild. Mit Thomas hatte ich darüber noch nicht gesprochen. Weil der Titel am Türschild stand, hatte ich mir einen ziemlich eingebildeten und trockenen Kerl vorgestellt. Nachdem ich seine Frau und seine Tochter erlebt hatte, schien klar, daß vom Vater auch nicht viel Vernünftiges zu erwarten war.

Aber Herr Dirks paßte nicht an diese Kaffeetafel. Der paßte nur zu Thomas, dem er mit gespreizten Fingern durch das Haar wuschelte, ehe er sich setzte und mir über den Tisch hinweg die Hand drückte, so daß die Kaffeekanne in Gefahr geriet. Plötzlich war Thomas wieder Thomas. Seine Wirbelsäule wurde wieder beweglicher, und seine ganze Haltung wirkte nicht mehr wie frisch gestärkt. Sogar sein Lächeln knipste er wieder an. Man konnte sich an diesem Kaffeetisch unterhalten, sobald Herr Dirks da war. Wenn man die mißbilligenden Gesichter der drei Frauen einfach übersah, ging es ganz gut.

Keine Atmosphäre für mich. Wirklich nicht.

Später, als wir bei Thomas im Zimmer waren — sehr klein, aber, von der Ordnung abgesehen, sehr gemütlich —, meinte Thomas: »Mein Vater ist schon richtig, weißt du. Mit dem kann man auskommen.«

»Wie hat er denn reagiert, als er dein Zeugnis gesehen hat?«

»Daß er nicht gerade gejubelt hat, kannst du dir ja denken. Aber bei dem ist das immer so: Ein heftiger Sturm, und dann ist alles wieder in Ordnung. Der legt seine schlechte Laune nicht immer wieder zwischendurch in die Tiefkühltruhe, damit sie sich besser hält. Außerdem hat er genauso zu leiden wie ich. Außer mir kann er's hier auch keinem recht machen. Am meisten werfen sie ihm vor, daß er immer noch Oberinspektor ist. Amtmann, das klänge doch gleich eine ganze Menge besser. Er macht sich nichts daraus.«

»Was für ein Oberinspektor ist er denn?«

»Stadtverwaltung, Ordnungsamt. Verkehrsschilder und so was. Für mich wäre das nichts, aber er ist zufrieden.«

Polizist: Wie verstand Thomas sich mit seinen Eltern? Hatten Sie da einen bestimmten Eindruck?

Michael: Ganz gut, glaube ich. Nicht mehr als den üblichen Ärger. Wie das halt so ist.

Polizist: Was heißt das – üblicher Ärger?

Michael: Haarschnitt, Pünktlichkeit, Ordnung und so etwas. Sie wissen schon.

Als ich einmal unten auf der Straße pfiff, weil ich nicht gern hinaufging, wenn ich Thomas abholte, streckte er den Kopf zum Fenster heraus und rief: »Pech! Ich kann nicht!«

»Warum denn nicht?«

»Mal wieder Hausarrest! Drei Tage!«

»Darf ich 'raufkommen?«

»Versuch's doch mal!«

Auf der Treppe kam mir der Gedanke. Gut, daß ich eine Lufthansatasche bei mir hatte, weil ich Schuhe zum Reparieren bringen wollte. Die machte alles glaubhafter.

»Guten Tag, Frau Dirks«, sagte ich. »Ich möchte Thomas abholen. Ist er fertig?«

»Abholen? Fertig? Wozu? Thomas kann nicht mitkommen, er hat Hausarrest.«

»Aber er muß doch zur Schule. Wir haben heute nachmittag Sportunterricht.«

Frau Dirks wunderte sich. »Heute? Das ist doch sonst immer am Donnerstag?«

»Richtig. Aber wir bereiten uns gerade auf die Bundesjugendspiele vor, darum haben wir jetzt zweimal in der Woche. Hat er Ihnen das noch nicht gesagt?«

»Kommen Sie herein. Nein, das hat er nicht. Es hätte mich auch gewundert. Das sieht ihm wieder ähnlich. Er vergißt alles. Man kann sich nicht auf ihn verlassen. Nie!«

Thomas öffnete seine Zimmertür, und ich sprach auf ihn ein, ehe er etwas Unvorsichtiges sagen und alles durcheinanderbringen konnte. »Sag mal, hast du verschlafen? Es wird höchste Zeit! In zehn Minuten haben wir Sport!«

Thomas schaltete schnell. »Das hätte ich doch tatsächlich beinahe vergessen! Augenblick, ich bin gleich soweit.«

Wenige Minuten später verließen wir das Haus, gingen schnell die Straße entlang, verschwanden um die nächste Ecke und ließen uns dann mehr Zeit.

»Fein gemacht«, lobte Thomas. »Und was stellen wir jetzt an?«

»Wir könnten ja einfach ein bißchen bummeln.«

Thomas schüttelte den Kopf. »Damit eine von meinen lieben Schwestern mich sieht und der Krach dann noch größer wird? Nein, das geht nicht. Irgendwie müssen wir uns wohl oder übel unsichtbar machen.«

Bis zum »Walfisch« waren es nur ein paar hundert Schritte. Ich kannte die Diskothek nicht von innen, doch ich hatte oft genug von ihr gehört, und meistens nichts Gutes. Wenn in der Stadt über Jugendliche geschimpft wurde, dann fiel bestimmt auch der Name »Walfisch«. Es war die einzige Diskothek, die schon am Nachmittag geöffnet war, und zwei Nebenräume wurden sogar schon vormittags betrieben. Wer die Schule schwänzte, ging in den »Walfisch«, und da es in der Stadt genügend Schulen gab, lohnte sich das Geschäft für den Wirt.

Es war nicht sehr voll. Man erkannte es erst, wenn sich die Augen nach dem Sonnenschein auf der Straße an die rötliche Dämmerung gewöhnt hatten und an das zuckende Licht über der Tanzfläche zwischen den Tischen. Das Zucken ging von einer Kugel aus, die sich unablässig drehte und farbiges Licht um sich warf. Eine Sekunde lang wirkten die Gesichter der wenigen Tanzenden rosig überhaucht, dann wurden sie fahlgrün, leichenhaft, gleich darauf bläulich überzogen, wieder rötlich schimmernd. Die Schatten in den Gesichtern wechselten ruckhaft, verzerrten sie, ließen sie bisweilen wie Masken wirken und die Tänzer wie Puppen, die von unsichtbaren Fäden bewegt wurden, im Beatrhythmus zuckten, von ihm eingefangen waren. Es war nicht leicht, Paare zu erkennen, die miteinander tanzten. Man stand sich gegenüber, war voneinander gelöst, berührte sich nicht, sah sich nur bisweilen in einer Art von Einverständnis an. Der Tanz schuf, so kam es mir vor, keine Gemeinsamkeit, er fügte nur verschiedene Einsamkeiten zusammen.

Die Lautsprecher schepperten. Sie waren der Lautstärke nicht ganz gewachsen. Die Musik überdröhnte die Schritte, sie zerquetschte die Ansätze zu Gesprächen und verstärkte dadurch das Alleinsein mit der Musik und mit dem Tanz.

Über den Tisch hinweg wollte Thomas sich verständlich machen, doch ich verstand ihn nicht. Thomas winkte ab, verschwand, kam gleich darauf mit zwei Colaflaschen und zwei Gläsern zurück, schenkte ein und schob ein Glas über den Tisch. Wir tranken.

Dann zog Thomas eine Zigarettenpackung aus der Brusttasche, riß sie auf, klopfte die erste Zigarette heraus und hielt sie mir hin. Ich beugte mich so weit zu Thomas hinüber, daß mein Mund fast neben seinem Ohr war.

»Ich hab's mir schon vor drei Jahren abgewöhnt.«

Es war eine jener Übertreibungen, mit denen man Peinliches überdeckt. Eigentlich hatte ich noch nie geraucht. Nicht wirklich geraucht. Klar, ich hatte vor ein paar Jahren die ersten Zigaretten heimlich probiert, in einem Gebüsch während des Schulausflugs, weil alle anderen es auch taten und weil man nicht gern hinter ihnen zurückblieb, damit man nicht in den Verdacht geriet, man sei weniger erwachsen als sie. Geschmeckt hatten sie nicht sonderlich, diese Zigaretten, und außerdem hatte ich ein bißchen sportlichen Ehrgeiz. Deshalb hatte ich gar nicht erst richtig angefangen und keinen Anlaß zum Abgewöhnen gehabt.

Thomas ließ den Einwand nicht gelten. Mit einer eigenwilligen Handbewegung hob er die Packung ein wenig an, daß die herausgeklopfte Zigarette fast meinen Mund berührte. Da nahm ich sie und wartete auf Feuer. Die Streichholzflamme flackerte gelblichgrün, und die erste dicke Rauchwolke legte sich wie ein beweglicher Schleier vor die Tanzfläche, daß die Tanzenden für eine Sekunde zu zerfließenden Schatten ohne feste Umrisse wurden. Das Licht im Raum ließ die Glut der Zigaretten grün schimmern, und Thomas' weißer Pulli wirkte blau.

»Warum hast du eigentlich Hausarrest?« schrie ich über den Tisch hinweg.

Thomas versuchte eine Antwort, gab es auf, kam um den Tisch herum und setzte sich neben mich. Jetzt konnten wir uns etwas leichter verständigen.

»Gestern abend bin ich eine Viertelstunde zu spät nach Hause gekommen, und die haben mit dem Abendessen auf mich gewartet«, sagte er. »Das war mal wieder ein Theater, als wäre ich ausgerissen und erst nach wochenlanger Fahndung durch Interpol wieder eingefangen worden. Dabei habe ich bloß bei Heiner noch eine Fernsehsendung angesehen.«

»Und dafür gleich drei Tage Hausarrest? Was hat denn dein Vater dazu gesagt?«

»Der? Der sagt nichts. Ich kann's ihm noch nicht einmal verdenken: Er ist froh, wenn er Ruhe und Frieden hat. Meistens mischt er sich nicht ein. Er kommt höchstens anschließend auf mein Zimmer und sagt: ›Pech gehabt, Junge! Du hättest aber auch wirklich pünktlich sein können.‹«

»Bei einer Viertelstunde wäre meine Mutter höchstens froh, daß ich tatsächlich schon da bin, und bei einer Stunde würde sie ein bißchen beleidigt mein Essen auf den Tisch stellen.«

»Man kann sie sich nicht aussuchen. Das Schlimme ist, daß ich der Jüngste bin, weißt du. Wenn da noch irgendeiner nach mir käme, dann würde er das meiste abkriegen. Ich glaube, Mutter hat überhaupt noch nicht gemerkt, daß ich sechzehn bin. Eltern merken einfach nicht, daß ihre Kinder auch mal erwachsen werden. Vor allem dann nicht, wenn noch zwei ältere Schwestern da sind, die auch so tun, als wären sie reife Damen und ich ein Bübchen mit Schnuller.«

»Was würden die denn sagen, wenn sie wüßten, daß wir jetzt hier im ›Walfisch‹ sitzen?«

Thomas grinste. »Meine Schwestern würden mich für einen Sittenstrolch halten, und meine Mutter würde überlegen, ob sie mich nicht doch lieber in die Fürsorgeerziehung geben sollte, um Schaden von mir abzuwenden.«

»Und dein Vater?«

»Der würde fragen, wie's war, und dabei so'n bißchen amüsiert lächeln. Ich glaube, der dürfte sogar wissen, was wir uns da kürzlich für einen Film angesehen haben. Der ist überhaupt der einzige, der schon halb und halb begriffen hat, daß ich kein kleines Kind mehr bin. Dem kann ich sogar manchmal einen nicht ganz stubenreinen Witz erzählen, ohne daß er mich gleich für verkommen hält.«

Der Diskjockey ließ keine Pausen aufkommen. Nur manchmal wurde die Musik ein wenig leiser, wenn eine Platte zu Ende war, die nächste schon einsetzte und der junge Mann in einem merkwürdigen Singsang den Titel und die Interpreten ansagte. Meistens verstand man ihn dabei nicht, doch das störte keinen Menschen. Man kannte die Platten und wußte, wer sang und spielte.

Wir saßen bei der zweiten Cola und der dritten Zigarette, klönten, hatten den Hausarrest längst vergessen, fühlten uns wohl in einer Welt, in der es Erwachsene nicht gab.

Polizist: Sie fanden also alles ganz normal? Man kümmerte sich zu Hause um Thomas?

Michael: Ja, alles scheußlich normal.

Polizist: Aber wie sind Sie dann überhaupt mit dem Haschisch in Berührung gekommen?

Michael: Das war in einer Diskothek. Da hat man uns etwas angeboten.

Wir saßen schon gut eine Stunde im »Walfisch«, hatten uns hin und wieder unterhalten, hatten den Tanzenden zugesehen, aber uns nicht vom Platz gerührt. Da kam ein Junge an unseren Tisch, der Thomas wie einen alten Bekannten begrüßte. »Sieht man dich auch mal hier in dieser Lasterhöhle?«

»Warum nicht? Ist doch auch gar nicht so wild, wie man immer erzählt.«

»Ist es auch nicht, aber ich finde es ganz gut, wenn die andern es meinen.«

Der Junge setzte sich. Es war Dietmar, ein früherer Klassenkamerad von Thomas.

»Ihr habt noch kein einziges Mal getanzt! Was ist denn los mit euch?«

»Tanzen wäre schon gut, aber man muß erst die Richtige finden«, antwortete Thomas. »Ich habe schon dauernd geguckt, aber von den Mädchen hier kenne ich keins.«

Dietmar lachte. »Na und? Das läßt sich doch schnell ändern.« Er stand auf und kam gleich darauf mit zwei Mädchen zurück, die sich ohne viele Umstände an den Tisch setzten. »Hier, Monika und Birgit tanzen gern und können es nicht ausstehen, wenn zwei am Tisch sitzen und faulenzen. Es sind sowieso viel mehr Mädchen als Jungen hier. Los, Herrschaften! Bewegt euch!«

»Wenn's sein muß.« Ich ließ mich von Monika halb zur

Tanzfläche ziehen, weil Thomas mit der viel hübscheren Birgit schon vorausgegangen war. Wir tanzten ein bißchen, aber ich hatte nicht viel Spaß daran. Wenn ich zu Thomas hinübersah, wunderte ich mich, wie selbstverständlich der sich in den Tanz einfügte, als wäre er hier Stammgast und an alles gewöhnt. Ob das nun nur an dem einen Jahr lag, das er älter war? Oder lag es eher daran, daß bei ihm eben alles selbstverständlich wirkte?

»Das schönste daran ist«, sagte Thomas, als wir wieder am Tisch saßen, »daß man's eigentlich gar nicht können muß. Es geht ganz von allein.«

»Na, ich weiß nicht«, widersprach ich. »Bei mir jedenfalls nicht. Ich mußte immer erst gucken, was Monika tat, und dann habe ich's ihr nachgemacht.«

»So lernt man's am besten.«

Ein Junge fiel mir auf, der von Tisch zu Tisch ging, als suchte er etwas. Manchmal beugte er sich hinunter und sagte ein paar Worte, dann ging er weiter. Endlich stand er auch bei uns.

»Braucht ihr was?« fragte er.

»Danke, wir sind versorgt.« Ich wunderte mich, daß der Kellner in diesem Hause offenbar keinen Wert darauf legte, sich von den Gästen so zu unterscheiden, daß man ihn wenigstens erkennen konnte. Er sah aus wie alle anderen auch, trug Jeans und Rollkragenpullover und ziemlich langes Haar. Der Junge zuckte mit den Schultern und ging weiter zum nächsten Tisch. Dietmar sah mich fragend an. »Habt ihr wirklich was, oder wolltet ihr ihn bloß loswerden?«

»Du siehst doch, die Gläser sind voll.«

Die Mädchen kicherten.

»Du hast wohl wirklich gar keine Ahnung, wie?« erkundigte sich Dietmar. »Der wollte euch doch keine Cola verkaufen. Hier herrscht Selbstbedienung, falls du das noch nicht gemerkt hast.«

»Was wollte er denn sonst anbieten?«

»Hasch, mein Unschuldsengel. Vielleicht auch ein bißchen LSD, ein paar Pillen oder so was.«

»Warum hat er denn das nicht gleich gesagt?«

»Weil er so dumm nun auch wieder nicht ist. Er kann doch nie genau wissen, wer alles in dem Laden hier ist. Es wäre ein bißchen gefährlich, wenn er sein Haschisch ausrufen würde wie heiße Würstchen oder Eis am Stiel.«

Thomas mischte sich ein. »Bist du sicher, Dietmar? Der ist doch bestimmt auch nicht älter als wir. Und der soll schon Händler sein?«

»Händler ja nun nicht gerade. Ein kleiner Dealer, mehr nicht. Er bezieht von einem Händler, und dann schiebt er so ein bißchen weiter und macht seinen kleinen Profit dabei. Die richtigen Händler kommen hier gar nicht her, und die verkaufen auch nicht grammweise.«

»Meinst du, daß er hier etwas los wird?«

Birgit, die sich inzwischen an Thomas gelehnt und seinen Arm um ihre Schultern gehoben hatte, kicherte. »Was glaubst du denn, was die hier nebenan zum Beispiel rauchen? Riechst du das nicht?«

»Selbstgedrehte«, sagte ich. »Ich hab's gesehen.«

»Das ist ein Joint«, behauptete Monika. »Da ist Heu drin, darauf kannst du dich verlassen. Die beiden kenne ich doch. Die sind Stammkunden. Außerdem kann man's riechen. So ein bißchen süßlich, wenn man genauer schnuppert.«

Ich zwinkerte ihr zu. »Du scheinst dich ja ganz genau auszukennen. Hast es wohl auch schon versucht, wie?«

»Klar! Wer hat das denn nicht?«

»Ich zum Beispiel«, gab ich zu. »Und ich habe auch keine Lust dazu.«

»Jeder, wie er mag«, gab Monika friedfertig zurück. »Ich finde, man hat auch gar nicht soviel davon, wie die immer behaupten. Beim ersten Mal habe ich überhaupt nichts gemerkt, und beim zweiten und dritten Mal war's auch nicht viel anders. Kaufen würde ich mir den Kram nicht. Viel zu teuer. Die nehmen hier drei fünfzig für einen Joint. Aber wenn einer einen spendiert, oder wenn er rundherum geht, warum soll ich da nein sagen? Wie steht's mit dir, Thomas? Kennst du dich aus?«

»Nein. Es könnte aber mal ganz interessant sein.«
»Dann kauf dir doch was.«
»Heute nicht. Vielleicht ein andermal.«

Polizist: Da haben Sie es also zum erstenmal genommen?
Michael: Nein, wir haben abgelehnt.
Polizist: Warum denn? Kannten Sie sich aus? Ich meine, wußten Sie schon etwas über Haschisch und ähnliche Dinge?
Michael: Was man so in den Zeitungen liest. Und dann hatten wir auch in der Schule darüber gesprochen. In Biologie.

Viel war es nicht, wenn ich es mir nachträglich genau überlege. Wahrscheinlich hätten wir auch das Wenige niemals im Unterricht gehört, wenn wir nicht ein paar Vertretungsstunden bei einem neuen Referendar gehabt hätten. Im Lehrplan kommt Haschisch nicht vor, glaube ich.
Der Referendar sah so jung aus, daß er manchmal auf dem Schulhof mit den Schülern verwechselt wurde, doch ihm machte das nichts aus. Wir mochten ihn, weil er kaum wie ein Lehrer wirkte.
Zu uns kam er unvorbereitet in eine Stunde und meinte, es hätte ja wohl doch keinen Sinn, etwas Ernsthaftes anzufangen. Wir sollten ihm lieber Fragen zu allem stellen, was wir gern wissen wollten, nur müsse es wenigstens so ungefähr etwas mit Biologie zu tun haben, und er könne auch nicht versprechen, daß er auf alle Fragen wirklich eine Antwort wisse; er werde es jedenfalls versuchen.
Diese Sache mit dem »Nun fragt mal schön« kennen wir allmählich. Wenn diese Aufforderung im Biologie-Unterricht kommt, dann erwartet man von uns, daß wir Dinge fragen, die irgend etwas mit Sex zu tun haben. Und auf diese Weise klärt man uns dann ganz selbstverständlich auf, ganz ohne Hemmungen, aus unserer natürlichen Neugier heraus entstehen die Fragen und werden beantwortet, ohne daß man lange um die Dinge herumredet wie die Katze um den heißen

Brei. Ganz modern. Wir kennen das alles so sehr, daß es uns allmählich zum Halse heraushängt, und was uns da alles als Aufklärung verkauft wird, können wir beinahe schon mitsingen, und es interessiert uns nicht mehr ganz toll. Seit der siebten Klasse geht das nun schon so. Theoretisch sind wir alle Sexualwissenschaftler. Manche Erwachsene tun, als hätten wir überhaupt nichts anderes mehr im Kopf. Aber das, was wir wirklich wissen und kennenlernen wollen, läßt sich nun mal theoretisch nicht erklären.

Aber diesmal wurden wir nicht zum dreiundzwanzigstenmal aufgeklärt, sondern irgend jemand, ich weiß nicht mehr, wer es war, fragte: »Wie ist das eigentlich mit dem Haschisch? Man liest jetzt soviel davon, aber ich komme da nicht klar. Ist Hasch nun gefährlich oder nicht?«

Der Referendar war offenbar in das richtige Fahrwasser gelotst, denn für den Rest der Stunde sprach er nur noch über Haschisch.

Sonst haben wir bei Studienrat Gerstein Biologie, und bei dem haben wir uns angewöhnen müssen, in Stichworten mitzuschreiben. Man gewöhnt sich so sehr daran, daß man es auch dann noch tut, wenn es gar nicht verlangt wird. Vielleicht kriege ich gerade dadurch noch ungefähr hin, was der Referendar uns damals in der Stunde erzählt hat.

In warmen Ländern Asiens und Afrikas, Südamerikas und in Mexiko finden wir den indischen Hanf, den man auch *Cannabis sativa* nennt. Die weiblichen Blüten sondern an feinen Härchen eine harzartige Masse aus. Sie enthält einen Wirkstoff, der Halluzinationen erzeugen kann. Halluzinationen, das sind Sinnestäuschungen. Trugbilder oder auch irgendwelche Dinge, die man riecht, schmeckt, hört, fühlt, obwohl gar kein äußerer Reiz für diese Sinneswahrnehmungen vorhanden ist. Dieser Wirkstoff in dem Harz nun ist das, was wir Haschisch nennen. Aber die indische Hanfpflanze liefert noch etwas Bekanntes, nämlich Marihuana. Das hat die gleiche Wirkung, nur nicht ganz so stark, und Marihuana wird nicht aus dem Harz, sondern aus Blüten, Stengel und Blättern des Hanfs gewonnen, die zermahlen oder zerpulvert werden. Haschisch gibt es in Platten und Klumpen zu kaufen, Marihuana als eine faserige Masse oder als Pulver.

Beides kann man in heißen Getränken auflösen und trinken, man kann es in Speisen hineinkochen oder -backen, und wenn man es so zu sich nimmt, entstehen Rauschzustände. Man kann Haschisch oder Marihuana aber auch mit Tabak vermischt oder rein in der Zigarette oder in der Pfeife rauchen. In manchen Gegenden der Erde ist der Haschischgenuß schon seit Jahrhunderten nachweisbar sehr verbreitet. Zu uns kam diese Sitte — oder Unsitte — erst vor ein paar Jahren, und seitdem ist sie heftig umstritten.

Die einen sagen, es handle sich um ein Rauschgift, die anderen bezeichnen es lieber als Genußmittel.

Die einen behaupten, es mache süchtig und führe unausweichlich zu allen möglichen Krankheiten, besonders zum Wahnsinn. Die anderen sagen, von Sucht könne gar nicht die Rede sein; Haschisch mache nicht krank, sondern es erweitere das Bewußtsein, so daß der Mensch fähig werde, sich selbst und seine Umwelt besser zu begreifen, weil er sie deutlicher wahrnehme.

Manche Wissenschaftler warnen vor dem Haschischgenuß, weil nach ihrer Meinung Haschisch zumeist nur die Vorstufe zu anderen, härteren Drogen sei, die schließlich zu einer echten Sucht führen können. Es gibt aber auch Wissenschaftler, die das entschieden bestreiten und meinen, im Grunde sei Haschisch nicht gefährlicher als Nikotin oder Alkohol, im Gegenteil. Beim Tabakrauchen könne man als sicher betrachten, daß es unter anderem krebsfördernd wirke, der Alkohol könne erwiesenermaßen zur Sucht führen, zum Alkoholismus, während der Haschischraucher von seinem Stoff nicht körperlich abhängig werde. Selbst ein gewohnheitsmäßiger Haschischraucher leide keine Qualen, wenn ihm sein Stoff vorenthalten werde.

Genaugenommen, meinte der Referendar, sei das alles noch sehr umstritten. Sicher sei aber, daß nach deutschem Recht Haschisch zu den Rauschgiften zähle. Deshalb könne bestraft werden, wer Haschisch verbreite oder gebrauche. Freilich gebe es auf der anderen Seite auch die Meinung, Haschisch gehöre nicht auf die Liste der Rauschgifte, weil es eben keines sei. Man solle seinen Verkauf lieber erlauben. Dann sei nämlich leichter zu sichern, daß derjenige, der Haschisch haben wolle, auch wirklich Haschisch bekomme. Die Gefahr für den Verbraucher liege nicht so sehr in der Droge selbst, sondern vielmehr in den Umständen, unter denen er gezwungen sei, sich den Stoff zu beschaffen. Beimengungen zum Haschisch könnten tatsächlich Suchtgefahren mit sich bringen. Die Tatsache, daß der Haschischhändler von schweren Strafen bedroht sei, führe dazu, daß man sich Haschisch im allgemeinen nur in einer kriminellen oder halbkriminellen Atmosphäre besorgen könne. Das sei die wirkliche Gefahr bei der Geschichte: Harmlose Haschischraucher, die nur ihrem Vergnügen nachgehen oder ihr Bewußtsein erweitern wollten, kämen dadurch in Berührung mit kriminellen Kreisen.

Manche behaupten, der Staat wisse schon sehr genau, warum er etwas gegen den Haschischgebrauch vor allem bei jungen Menschen habe. Da Haschisch — genau wie einige andere Drogen auch — das Bewußtsein erweitere und dadurch seinem Benutzer tiefere Einsicht in sich selbst und in seine Umwelt ermögliche, helfe es gerade dem jungen Menschen, leichter zu durchschauen, was diese Gesellschaft alles tue, um ihn zu unterdrücken. Wer aber besser alle Unterdrückungen erkenne, denen er ausgesetzt ist, der sei eine Gefahr für den Bestand dieser Gesellschaft und für die Macht der Herrschenden, denn die Erkenntnis führe zur Gegenwehr. Das Haschischverbot sei also, wenn man dieser Meinung folge, nichts weiter als ein Akt der Selbstbehauptung der Herrschenden und eine Unterdrückungsmaßnahme gegen die Beherrschten.

Er selbst, so sagte der Referendar, kenne vom Studium her eine ganze Reihe von Kommilitonen, die Hasch geraucht hätten. Seines Wissens sei es dabei nie zu irgendwelchen nachteiligen Folgen gekommen. Andererseits sei es natürlich auch möglich, daß in dem einen oder anderen Falle doch nachteilige Folgen eintreten könnten. Deshalb könne er uns nicht sagen: Raucht ruhig einen Joint, er schadet euch gar nichts, und es macht nicht mal dick wie übermäßiges Schokoladeessen. Genausowenig könne er aber sagen: Laßt es unter allen Umständen bleiben, denn ihr begebt euch damit in unübersehbare Gefahren. Im Grunde müsse das wohl der Entscheidung jedes einzelnen überlassen bleiben.

Eines müsse man allerdings einschränkend bedenken: Das Gesetz sei eindeutig gegen Haschisch, und es sei immer besser, sich den Gesetzen zu fügen, wenn man Schwierigkeiten aus dem Weg gehen wolle . . .

So ungefähr also hat es uns der Referendar erklärt. Zunächst kam uns das auch alles sehr interessant und vor allem sehr unparteiisch vor. Er hatte weder verharmlost noch verurteilt, er hatte uns gesagt, was die einen und was die anderen meinten, aber er hatte nicht versucht, uns seine eigene Meinung aufzuzwingen. Genaugenommen hatte er sie uns noch nicht einmal gesagt, falls er eine hatte. Das alles kam uns sehr richtig und anständig vor.

Nur, was wir eigentlich vom Haschisch zu halten hatten, wußten wir immer noch nicht. War es nun gefährlich, war es ungefährlich? War es ein Gift oder ein Genußmittel? Machte es uns wahnsinnig, oder erweiterte es unser Bewußtsein? Wurde man davon krank, oder lernte man nur sich selbst besser kennen?

Diese verdammte Unentschlossenheit der Lehrer!

Andererseits: Wir können gerade die nicht ausstehen, die uns ihre eigene Meinung verkaufen, als wäre sie eine unumstößliche Wahrheit, die nicht bezweifelt werden darf.

Der Referendar hatte das nicht getan. Aber was hatte er uns nun gesagt?

Bei manchen Fragen lassen uns diejenigen, die sich Mühe geben, so ehrlich wie möglich zu antworten, am ratlosesten zurück.

Polizist: Sie wußten also genau, daß in dieser Diskothek Haschisch angeboten wurde. Durch die Schule waren Sie auch über die Gefahren des Rauschgiftes aufgeklärt worden. Sind Sie trotzdem in die Diskothek gegangen? Es wird ja wohl der »Walfisch« gewesen sein.

Michael: Ja, wir waren oft dort. Mit Hasch hatte das gar nichts zu tun. Wir wollten das Zeug nicht haben. Aber wohin soll man denn sonst nachmittags gehen?

Mit Haschisch hatte es wirklich nichts zu tun, und daß Thomas plötzlich davon schwärmte, gerade im »Walfisch« könne man immer die allerneuesten Platten hören, war auch nur eine Ausrede, die ich sofort durchschaute. Soviel machte sich Thomas gar nicht aus Beat und Schlagern.

»Sag mal, Thomas, können wir nicht auch mal wieder irgendwo anders hingehen? Jeden Tag ›Walfisch‹, das wird ein bißchen eintönig.«

»Mir macht es Spaß. Brauchst ja nicht zu kommen, wenn du nicht willst!«

Das war ungefähr eine Woche nach dem ersten Besuch in der Diskothek, und diese Antwort hat mir einen richtigen Schreck eingejagt. Ich hatte mich an Thomas gewöhnt und fühlte mich wohl in seiner Nähe. Auf die gemeinsamen Nachmittage wollte ich nicht mehr verzichten. Dann nahm ich schon lieber in Kauf, daß ich dabei nur noch eine Nebenrolle spielte. Thomas brauchte gar nicht herumzureden. Es war doch ganz klar, warum ihm plötzlich nichts anderes mehr für die Nachmittage einfiel.

»Dich hat's wohl ganz schön gepackt, wie? Ich gebe ja zu, die Birgit ist ganz nett, aber so doll finde ich sie nun auch wieder nicht.« Dummerweise klangen meine Worte fast so, als sei ich ausgerechnet auf ein Mädchen eifersüchtig. Lächerlich!

Thomas lächelte. »Das ist auch nur gut so. Dann kommst du wenigstens nicht auf den Gedanken, sie mir wegzuschnappen.«

»Ich denke ja gar nicht daran!«

»Hast du auch gar nicht nötig. Die Monika ist doch auch in Ordnung. Bei der kannst du dich ja trösten.«

»Quatsch, trösten! Aber was soll ich denn machen? Wenn du dauernd mit Birgit alle Hände voll zu tun hast, kann ich sie ja nicht einfach am Tisch sitzen lassen. Das ist doch einfach Höflichkeit, wenn ich mich ein bißchen um sie kümmere.«

»Ich habe aber nicht den Eindruck, daß die Höflichkeit dir besonders lästig ist.«

Zugegeben: Das Beste an der ganzen Birgit war noch ihre Freundin Monika. Jedenfalls war sie viel netter, als ich am ersten Tag gedacht hatte. Man mußte sich nur erst daran gewöhnen, daß sie anders war als die Mädchen in der Klasse. Irgendwie ungezwungener. Bei Sabine, zum Beispiel, hätte man gar nicht erst gewagt, sie einfach in den Arm zu nehmen. Monika aber hätte sich eher gewundert, wenn man's nicht getan hätte. Ein bißchen Herzklopfen bereitete das nur beim erstenmal, dann wurde es ganz selbstverständlich. Monika sorgte schon dafür. Sogar dem Tanzen konnte man allmählich Geschmack abgewinnen. Manchmal wurde ja auch richtig geschwoft, so ganz eng.

Vor einem Jahr, nein, noch vor ein paar Monaten wäre das alles ziemlich peinlich gewesen, aber das änderte sich eben mit der Zeit, und außerdem fühlte man sich im »Walfisch« nie beobachtet. Man war am Tisch immer fast so allein wie auf einer Insel.

Im Grunde hatte ich gar nicht soviel dagegen, daß Thomas Tag für Tag in den »Walfisch« wollte, weil das eben Birgits Stammlokal war.

Da war nur die Schwierigkeit mit den Eltern.

»Michael, du mußt doch wirklich zugeben, daß Vater und ich uns alle Mühe geben, uns so wenig wie möglich in deine Privatangelegenheiten einzumischen. Du kannst uns aber nicht verdenken, daß wir anfangen, uns Gedanken zu machen. Jeden Nachmittag unterwegs, ist das nicht doch ein bißchen viel? Früher hast du wenigstens noch die Schularbeiten gemacht, ehe du verschwunden bist. Und jetzt fängst du immer erst am Abend damit an. Das kann doch auf die Dauer nicht gut sein!«

Vorhaltungen waren selten, und wenn sie doch einmal vorkamen, hielten sie sich immer in Grenzen.

Ich lächelte dann beruhigend. »Mach dir keine Gedanken, Mutti. Ob ich nun nachmittags arbeite oder abends, die Wirkung ist die gleiche. Oder wäre es dir lieber, wenn ich nachmittags die Schularbeiten machen und dafür erst abends ausgehen würde?«

»Vergiß nicht, du bist erst fünfzehn.«

»Eben. Also ist es praktischer so, wie ich es jetzt halte.«

»Du mußt aber einsehen, daß wir gern wüßten, mit wem du ständig beisammen bist.«

»Mit Thomas Dirks.«

»Und wer ist dieser Thomas?«

»Einer aus meiner Klasse. Ein feiner Kerl, wirklich. Der Vater ist Oberinspektor bei der Stadt. Sehr ordentliche Leute. Und Thomas ist auch in Ordnung, darauf kannst du dich verlassen. Ich kann ihn euch ja einmal mitbringen, dann werdet ihr selbst sehen.«

»Der Gedanke ist gar nicht schlecht.«

Thomas hatte sofort zugestimmt, und der Besuch war ein voller Erfolg. Thomas war wieder einmal ein wahres Muster an guten Umgangsformen, Charme und Aufmerksamkeit.

»Na, dann passen Sie nur gut auf unseren Jungen auf«, sagte Mutter, als Thomas sich verabschiedete. »Schließlich ist er ein Jahr jünger als Sie.«

»Wenn Birgit ihm Zeit dazu läßt«, knurrte ich, doch das verstand zum Glück niemand.

Von dieser Seite gab es also keine Schwierigkeiten mehr. Doch ich wunderte mich, wie Thomas es fertigbrachte, seinen strengen drei Frauen jeden Nachmittag zu entkommen.

»Eine ganz neue Methode«, erklärte Thomas. »Und stell dir vor: sie funktioniert. Ich hätte es selbst nicht geglaubt. Ich gehe einfach, frage nicht erst lange, bin weg.«

»Und das lassen sie sich gefallen?«

»Nein, natürlich nicht. Sie regen sich mächtig auf. Aber ich lasse sie reden, antworte nicht und bin am nächsten Nachmittag wieder verschwunden. Wenn man erst rausgefunden hat, daß sie einem gar nicht soviel anhaben können, wenn man sich einfach nichts daraus macht, geht es ganz gut. Und sie merken selbst, daß sie mir nichts anhaben können. Sie haben sogar schon versucht, meinen Vater einzuschalten. Das haben sie sonst nie getan, und plötzlich sollte Vater ein Machtwort sprechen. Er muß sich ganz komisch vorgekommen sein in der neuen Rolle.«

»Und was hat er getan?«

»Er hat mich gefragt: ›Stellst du irgend etwas an, wenn du soviel unterwegs bist?‹ Ich habe nein gesagt und erklärt, daß ich immer mit dir beisammen bin. Und daraufhin hat er gemeint: ›Dann ist ja alles in Ordnung.‹ Der hält dich für eine Art Versicherung, nehme ich an.«

»Genau wie meine Eltern dich.«

»Vielleicht sollten unsere Eltern einfach mal ihre Söhne tauschen, und schon wären sie überzeugt, daß sie richtige Musterkinder hätten.«

»Von Birgit hast du aber nichts gesagt, wie?«

»Nein, von Monika auch nicht. Wozu auch? Es gibt Dinge, die sollten Eltern unbedingt wissen. Es gibt andere, die können sie ruhig wissen. Und dann gibt es Dinge, die gehen die Eltern gar nichts an. Meine Mutter hat mir auch noch nie erzählt, ob sie mit sechzehn einen Freund hatte. Da bin ich für Gleichberechtigung.«

Polizist: Wenn ihr soviel unterwegs wart, hat das die schulischen Leistungen nicht beeinträchtigt?

Michael: Durchaus nicht. Bei mir hat es da nie Probleme gegeben, und Thomas war in der Zehnten ausgesprochen gut. Wir haben ihn sogar zum Klassensprecher gewählt.

Dreiundzwanzig Stimmen für Thomas, zwei gegen ihn, der Rest Enthaltungen. So sicher und unumstritten war noch niemand bei uns Klassensprecher geworden. Und es schien sogar, als hätten die Lehrer gegen unsere Wahl nichts einzuwenden. Von Kröger abgesehen. Der hatte seit dem ersten

Zusammenstoß mit Thomas nichts mehr für ihn übrig, und das Verhältnis war noch so eisig wie am ersten Tag. Das übertrug sich in letzter Zeit auch ein bißchen auf mich. Erstens war Kröger nicht verborgen geblieben, daß Thomas und ich unzertrennlich waren, und zweitens mißbilligte unser Mathematiklehrer durchaus, daß mein Haar immer länger wurde. Auch von den anderen Jungen in unserer Klasse ließen jetzt manche das Haar wachsen. Die meisten taten es bestimmt nur, weil es eben modern war. Bei mir war das anders. Modern oder nicht, das hätte mich nicht gekümmert. Aber Thomas trug es lang, und was Thomas tat, war damals für mich richtig und nachahmenswert. Dabei bin ich nicht einmal so ein Mitläufertyp, glaube ich. Noch nie hatte ich mich so bewußt und in jeder Einzelheit nach einem anderen gerichtet. Und ich kann auch nicht erklären, warum es mir gerade bei Thomas so ging. Vielleicht stellt man sich selbst manchmal vor, wie man gern sein möchte, und dann merkt man, daß daran ein erhebliches Stück fehlt. Was mir fehlte, hatte Thomas. Er sah blendend aus, und das konnte ich von mir nicht behaupten, wenn ich mich im Spiegel betrachtete. Nicht schlecht, aber auch nicht umwerfend. Er fand sofort Kontakt zu anderen Menschen, bei mir dauerte das immer erst ein Weilchen. Er war nie schüchtern, ich oft. Er fürchtete sich nie, hatte — soweit ich es beurteilen konnte — nie ein mulmiges Gefühl vor Klassenarbeiten oder wenn er plötzlich zu einem Lehrer gerufen wurde. Hätte man mich als Kandidaten für die Klassensprecherwahl aufgestellt, dann hätte ich mindestens in der Nacht zuvor nicht geschlafen. Nicht aus Ehrgeiz. Ich wüßte auch gar nicht, warum ich Klassensprecher hätte werden sollen. Aber der Gedanke, ich könnte Kandidat sein und dann vielleicht die wenigsten Stimmen bekommen, hätte mich gequält. Eine Wahlniederlage wäre mir als Blamage erschienen. Thomas war da ganz anders. Als die beiden Wahlhelfer das Ergebnis vorgelesen hatten, war er überhaupt zum erstenmal aufmerksam geworden, und dann hatte er genickt, als hätte er kein anderes Ergebnis erwartet, als wäre es selbstverständlich, daß er mit einer solchen Mehrheit gewählt wurde, obwohl er doch noch ziemlich neu in der Klasse war.

»Heute gehen wir ein bißchen später in den ›Walfisch‹«, sagte er, als wir uns mittags verabschiedeten. »Ich habe versprochen, daß ich heute zum Kaffeetrinken zu Hause bleibe. Dich habe ich auch gleich mit angemeldet.«

Das war typisch für ihn. Er fragte nicht erst, sondern er meldete mich an. Es hätte ihn wohl gewundert, wenn ich nein gesagt hätte.

»Nanu? So feierliches Kaffeetrinken? Ist bei euch etwas los?«

»Nein, was soll los sein? Mutter besteht nur darauf, daß meine Wahl zum Klassensprecher gefeiert wird. Da ist sie mächtig ehrgeizig, weißt du. Wenn Vater schon nicht zum Amtmann befördert wird, dann muß ich wenigstens Klassensprecher und im nächsten Jahr möglichst Schulsprecher werden.«

Ich wunderte mich. »Das kann sie doch aber noch gar nicht wissen. Die Wahl war doch erst vor einer halben Stunde.«

»Ich hab's ihr gestern schon gesagt, daß ich heute gewählt werde.«

Manchmal verstand ich ihn nicht. »Aber du hättest doch auch durchfallen können! Und dann?«

Er sah mich verständnislos an. »Durchfallen? Gegen Uwe? Wie kommst du denn darauf! Das Ergebnis war doch schon vor der Wahl klar.«

Anscheinend kam er gar nicht auf den Gedanken, daß einmal etwas anders laufen könne, als er es vorausberechnet hatte.

Am Nachmittag ging ich dann wirklich zum Kaffeetrinken, und Frau Dirks stellte sich an wie der Promoter eines Boxweltmeisters. An dem Nachmittag hat sie ihm offenbar sogar sein Sitzenbleiben verziehen. Richtig gefreut hat sie sich, und mächtig stolz war sie. Auch die beiden Schwestern schienen ganz glücklich zu sein, nur weil ihr Bruder Klassensprecher geworden war, und um dieses Amt riß man sich in unserer Klasse nicht gerade. Mich hatte überhaupt gewundert, daß Thomas nicht widersprochen hatte, als man ihn aufstellen wollte. Eitelkeit war es bestimmt nicht bei ihm, denn eitel war er nicht. Und daß er darauf brannte, für die Klasse alle möglichen Kastanien aus dem Feuer zu holen, konnte ich mir auch schlecht vorstellen. So eifrig war er gar nicht. Um sich bei der Klasse beliebt zu machen, brauchte er auch kein Amt, denn das war er sowieso, und bei den Lehrern ist für einen Klassensprecher, der sich wirklich einsetzt, meistens nicht viel Beliebtheit zu holen.

Als wir nach dem Kaffeetrinken zum »Walfisch« gingen, habe ich ihn gefragt: »Sag mal Thomas, warum wolltest du eigentlich unbedingt Klassensprecher werden?«

Er schüttelte den Kopf. »Ich wollte gar nicht. Was hab ich denn davon? Höchstens Ärger mit den anderen, denen man ja doch nichts recht machen kann.«

»Wieso hast du dich dann doch aufstellen lassen?«

Er zögerte ein wenig mit der Antwort. »Mutter sollte halt auch mal wieder eine Freude haben«, sagte er dann. »Ihr bedeutet das wirklich etwas. Ich muß an der Spitze liegen, weißt du. Ich muß die besten Manieren haben, ich muß gelobt werden, ich muß möglichst in allen Fächern eine Kanone sein. Meine Sechs in Latein hat mir gar nichts ausgemacht, aber für Mutter war es fast eine Katastrophe. Sie ist ehrgeizig wie die Mutter eines Eislaufstars. Und wenn ich ihr die Freude machen kann, ohne daß es mich viel kostet, warum nicht?«

Ich konnte nicht recht glauben, daß er die Wahrheit sagte, und ich fragte ein wenig lauernd: »Und du selbst bist kein bißchen stolz darauf, wie?« Und plötzlich veränderte er sich. Er sprach unaufhörlich und wurde immer böser dabei. Er sah mich nicht an, während wir weitergingen, er sah vor sich auf die Straße.

»Stolz? Ich? Worauf denn? Daß die Klasse mich gewählt hat, weil sie keinen anderen wußte, und weil die, die es könnten, nicht dumm genug sind, sich aufstellen zu lassen? Stolz, weil ich gewählt worden bin? Weil ich Spielführer von der Handballmannschaft bin? Weil ich ganz gut aussehe? Weil die Mädchen mir nachlaufen? Weil ich weiß, daß man Fisch nicht mit dem Messer ißt? Weil ich ganz gut reden

34

kann? Weil ich genau weiß, daß ich bloß mein Lächeln aufsetzen muß, wenn ich will, daß man mich ganz reizend findet? Stolz? Eines kann ich dir sagen: Ich finde das alles zum Kotzen! Schlichtweg zum Kotzen, verstehst du? Da spiele ich dauernd so eine Rolle. Thomas der Große. Ich spiele die Rolle, und die anderen haben sich alle daran gewöhnt, daß ich sie spiele. Alle. Und alle erwarten etwas von mir. Ich soll alles können, alles wissen, alles mitmachen, immer nett sein. Ich will nicht dauernd Mutters ganzer Stolz sein, den man freundlichen Tantchen vorführen kann. Ich will auch mal einfach versagen dürfen, verstehst du? Einmal nicht versetzt werden, genau wie mein Vater nicht befördert wird, obwohl er wahrscheinlich eine ganze Menge kann. Ich mußte ja einfach sitzenbleiben. Das war Solidarität, begreifst du das? Und ich kann nicht mehr dauernd daheim rumhocken und fein sein. Und meine Freunde will ich mir auch selbst aussuchen, ganz wurscht, woher sie kommen. Meinst du vielleicht, Mutter hätte sich nicht sofort erkundigt, als du das erstemal bei uns gewesen bist? Dein Vater ist Akademiker, also bist du ihr willkommen. Wäre er Schlosser oder Maurer oder Hilfsarbeiter, dann hätte sie mir erklärt, daß du kein Umgang für mich bist. Bilde dir nur ja nicht ein, du hättest sie mit deinem Charme für dich eingenommen. Du kannst dir nicht vorstellen, wie widerlich ich das alles finde! Darum gehe ich ja dauernd in den ›Walfisch‹. Da kann ich einfach so sein, wie ich bin oder wie mir zumute ist. Da erwartet keiner von mir, daß ich Nummer eins bin. Da sitze ich am Tisch, mit wem ich will, lasse mich einladen, wenn das Taschengeld alle ist, rauche, wann's mir paßt, knutsche mit Birgit, weil's mir Spaß macht, weil ich sie hübsch finde, weil sie auch ihren Spaß daran hat. Und ich pfeife drauf, daß sie sechzehn ist und immer noch in die letzte Volksschulklasse geht. Und ich gehe ins Kino und sehe mir 'nen Porno an, weil ich weiß, daß meine Mutter entsetzt wäre, wenn sie's wüßte. Aber mir ist eben manchmal danach, verstehst du? Und warum auch nicht? Ich bin sechzehn, nicht sechs.«

Dann waren wir am »Walfisch« angelangt, und mit einemmal war Thomas wieder ganz ruhig, ganz sicher. Von einer Sekunde zur anderen hatte er seinen Ausbruch beendet und vergessen. Ich war erst betroffen von diesem jähen Wechsel, aber dann bewunderte ich, wie sehr er sich beherrschen konnte.

Dieser Polizeimeister kann einen angucken, als könnte er Gedanken lesen. Eigentlich fragt er gar nicht soviel. Er läßt sich Zeit. Oder läßt er mir Zeit?
Wie komme ich eigentlich dazu, ihm überhaupt etwas zu erzählen? Was geht's ihn an? Aber das meiste habe ich ja gar nicht gesagt. Eigentlich nichts, worauf es wirklich ankommt. Was ich denke, weiß er nicht. Was er nicht weiß, kann er nicht aufschreiben. Was er nicht aufschreibt, kann nicht gegen Thomas verwendet werden, und gegen mich auch nicht. Guck mich nur an! Von mir erfährst du genau das, was ich sagen will. Kein Wort mehr. Aufs Kreuz legen lasse ich mich nicht. Aber warum soll ich eigentlich nicht antworten? Deine Fragen sind doch ohnehin so dumm und oberflächlich. Die kann ich alle beantworten, ganz wahrheitsgetreu. Dann weißt du immer noch nichts. Und du wirst auch nichts wissen, wenn dieses Verhör noch Stunden dauert. Nie! Und wenn du doch etwas weißt, dann wirst du's nicht verstehen. Du kannst doch Thomas überhaupt nicht verstehen. Du nicht! Ich kenne ihn viel länger, ich weiß viel mehr von ihm, mir hat er soviel gesagt. Und ich verstehe ihn auch nicht. Nicht ganz.

Polizist: Und wann hat dieser Klassensprecher nun tatsächlich angefangen, Haschisch zu rauchen?
Michael: Auf den Tag genau kann ich das nicht mehr sagen. Kurz danach. Nach der Wahl, meine ich.

Es war am selben Nachmittag. Birgit und Monika waren da und ich und Thomas, genau wie immer. Wir hatten unseren Stammtisch in der Ecke schräg gegenüber vom Diskjockey. Es war ein guter Platz. Man saß da ein wenig abseits, ein

Stückchen hinter den beiden Nachbartischen. Die dort saßen, mußten sich schon umdrehen, wenn sie uns sehen wollten, und von der Tür aus saßen wir im toten Winkel. Das war aber gar nicht so wichtig, denn wenn man von draußen hereinkam, konnte man sowieso nicht gleich etwas erkennen.

Thomas war besonders aufgekratzt. Ich glaube, was er mir gerade eben noch gesagt hatte, war ihm jetzt peinlich, und er wollte es dadurch wegwischen, daß er besonders lustig und laut war. Und besonders verliebt in Birgit. So sah es jedenfalls aus. Seine Fröhlichkeit wirkte trotzig.

Seine Fröhlichkeit war auch laut. Deshalb kamen heute immer wieder andere Jungen und Mädchen an unseren Tisch, sprachen ein Weilchen mit uns, gingen weiter, lachten über Thomas' Witze, spendierten etwas zu trinken, boten Zigaretten an. An diesem Nachmittag waren wir so etwas wie eine Lärminsel in der Diskothek, denn der Diskjockey hatte gerade seinen wehmütigen Tag. Das kam manchmal vor. Dann mochte er keine lauten Platten, und er ließ sich nicht in sein Geschäft hineinreden.

Dann kam auch der Langhaarige mit dem Rollkragen an unseren Tisch. Diesmal setzte er sich, hörte ein Weilchen Thomas zu und fragte erst, als der gerade eine Pause einlegte: »Braucht ihr was?«

Birgit, Monika und ich schüttelten den Kopf, wie sonst auch, wenn er vorbeikam und fragte. Aber Thomas antwortete: »Was hast du denn Schönes zu bieten?«

»Heute nur Pot.«

»Kostet?«

Der Lange griff in seine Brusttasche und holte eine fertige Zigarette hervor, wog sie in der Hand, als müßte er ihren Preis auf diese Weise abschätzen, und sagte dann: »Ich will dich ja nicht ausnehmen, Thomas. Drei Mark, alle Billigkeit. Aber sag's nicht weiter, sonst wollen es die anderen auch alle so billig, und dann ist kein Geschäft mehr drin.«

Thomas ließ drei Markstücke auf der Tischplatte kreiseln, eines nach dem anderen, bis sie klirrend fielen und still lagen.

Der Lange steckte sie ein, sagte »Viel Spaß« und ging weiter. Ich konnte Thomas genau ansehen, daß er noch gar nicht entschlossen war, wirklich Marihuana zu rauchen. Er betrachtete die Zigarette umständlich, roch daran, schob sie zwischen die Lippen, legte sie wieder auf den Tisch, sah sie mißtrauisch an, spielte unschlüssig damit.

Uns schaute er nicht an. Er sagte auch nichts mehr, war nicht mehr fröhlich und laut, vielmehr kniff er die Augen ein wenig zusammen, als müßte er scharf nachdenken.

»Laß doch, Thomas«, sagte ich, aber das war falsch, denn jetzt nahm er die Zigarette wieder zwischen die Lippen, ließ sein Feuerzeug aufschnappen und rauchte.

Er rauchte hastig, mit kurzen, schnellen Zügen, ungefähr wie einer, der seine erste Zigarette raucht und dabei unablässig fürchtet, man könne ihn erwischen. Es war wirklich etwas wie Angst in seinem Gesicht und zugleich ein Ausdruck, als lauschte er und wartete auf irgend etwas.

Unter seinen heftigen Zügen brannte die Zigarette schnell herunter. Er verbrannte sich die Fingerspitzen, als er sie ausdrückte. Dann saß er nur noch in seine Ecke gelehnt mit dem Gesicht eines Menschen, der nach innen horcht. Er sagte nichts mehr.

Ich weiß nicht, woran es lag, aber wir anderen drei sagten auch nichts. Wir beobachteten Thomas, als erwarteten wir irgendeine besondere Veränderung. Dabei hatten wir doch hier schon ab und zu Leute gesehen, die ihren Pot rauchten. Sie wirkten dann auch nicht viel anders als sonst. Sie kicherten, das war aber auch alles. Vorhin, als er noch so aufgekratzt gewesen war, hätte man tatsächlich meinen können, Thomas habe irgendeine Droge genommen. Jetzt nicht. Warum wir gerade bei Thomas irgend etwas Besonderes erwarteten — ich kann es nicht erklären. Ich weiß auch nicht, warum ich plötzlich Angst hatte, eine ganz hundsgemeine Angst um Thomas, um mich, um uns alle.

Es muß eine sehr lange Zeit vergangen sein, ehe ich mich räusperte und fragte: »Was ist denn, Thomas?«

Er verzog das Gesicht zu einer Art Lächeln, doch es sah nicht fröhlich aus. »Das ist auch bloß Beschiß«, sagte er. »Gehen wir.«

Damit ging er schon zur Tür, und ich lief ihm nach. Ob ich mich von den Mädchen verabschiedet habe, weiß ich nicht mehr. Wahrscheinlich nicht.

Polizist: Und dann hat er auch gleich Gefallen daran gefunden?
Michael: Zuerst nicht. Ganz im Gegenteil.
Polizist: Und Sie selbst?
Michael: Ich habe da noch gar nicht mitgeraucht.

»Hau bloß ab mit deinem Kram! Du hast mich ganz schön reingelegt! Drei Mark für ein bißchen Pot, wenn überhaupt etwas drin war in der Zigarette, und dann hatte ich nichts davon. Die Fingerspitzen waren ein bißchen taub, als wären sie eingeschlafen. Aber sonst? Nichts, gar nichts! Und dafür drei Mark? Nee, mein Lieber, mit mir nicht mehr!«

Thomas war noch immer böse und enttäuscht, als der Lange ein paar Tage später wieder einmal an unseren Tisch kam und fragte, ob wir etwas brauchten.

»Nichts gemerkt?« Der Lange schien sich zu wundern. »Das kann doch nicht sein. Der Stoff war gut, darauf kannst du dich verlassen. Ich werde doch nicht ausgerechnet dir kleingehacktes Seegras aus 'ner alten Matratze andrehen! Sag mal ehrlich, hast du zum allererstenmal Pot geraucht?«

»Ja.«

»Dann wundert's mich schon nicht mehr so sehr. Und wie hast du es geraucht?«

»Wie man eben raucht. Wie 'ne Zigarette. Wie denn sonst?«

»Daran kann's liegen. Beim nächstenmal mußt du das ganz anders machen, weißt du. Dann merkst du auch, was in dem Stoff alles drinsteckt.«

Thomas wehrte entschieden ab. »Das nächstemal? Ohne mich. Ich bin ja kein Kapitalist. Drei Mark weg für nichts und wieder nichts, und da soll ich's nochmals versuchen?«

Dem Langen war anzusehen, daß er um seinen guten Ruf als

Dealer fürchtete. Es war nicht gut, wenn sich herumsprach, daß er schlechten Stoff anbot. Dann blieben vielleicht noch mehr Kunden weg, vor allem solche, die ihre ersten Versuche machen wollten.

»Du, Thomas, ehrlich, ich hab dich nicht reingelegt, falls du das denkst. An dem Stoff liegt es nicht, wenn du nichts gemerkt hast.«

»Hab ich ja. Ein bißchen taube Fingerspitzen. Irgendwie kalt, weißt du. Das war aber auch alles. Das kann ich auch haben, wenn ich mir für zwanzig Pfennig 'ne Tüte Eis kaufe und mich lange genug daran festhalte.«

Der Lange war richtig unglücklich. Er kam sogar noch einmal zu mir an den Tisch, als Thomas gerade tanzte.

»Michael, das mit dem Thomas ist mir peinlich, weißt du. Den würde ich doch nicht reinlegen! Ich sehe mir meine Leute an. Thomas ist beliebt, das weiß ich. Was der macht, das machen viele andere nach. Ich müßte doch blöd sein, wenn ich mir den als Kunden vergraulen würde.«

»Das mußt du doch ihm erklären. Was hab ich damit zu tun?«

»Ich wollte dir ja nur sagen: Ich sorge schon dafür, daß es wieder gutgemacht wird, weißt du. Thomas soll richtig mitkriegen, wie das ist, wenn man high ist. Ihr bleibt doch noch eine Stunde?«

»Ja, sicher.«

»Das ist gut. Dann kann ich das vielleicht gleich heute noch hinbiegen.« Er schien jetzt hoffnungsvoller in seine nächste Zukunft zu blicken.

Tatsächlich kam er eine Stunde später wieder an unseren Tisch und brachte einen jungen Mann mit, einen Studenten, wie wir später erfuhren. Klaus hieß er. Er setzte sich zu uns und war sehr nett. Gar nicht auf älter oder so, sondern genauso, als wäre er einer aus unserer Klasse.

»Enttäuscht?« fragte er Thomas. »Das geht vielen so, und eine ganze Reihe von Anfängern geben es nach dem ersten Versuch auf, weil sie nichts davon gehabt haben und ihr Geld nicht zum Fenster hinauswerfen wollen. Das ist ihr

Pech. Die wissen gar nicht, was sie dadurch verpassen. Weißt du, der Stoff macht sich nicht billig. Der ist nicht gleich für jeden da. Man muß sich schon ein bißchen um ihn bemühen, wenn man etwas davon haben will. Aber wenn man das tut, dann lernt man eine ganz andere Welt kennen. Eine Welt, die nicht langweilig ist wie die Straßen da draußen. Voller Farben ist sie, angefüllt mit Tönen, wie du sie noch nie gehört hast. Du fühlst alles ganz anders, du empfindest anders. Du siehst die Dinge, wie sie wirklich sind. Und vor allem siehst du dich selbst, wie du wirklich bist oder wie du doch sein könntest, wenn du dich bloß von allem freimachen wolltest, was dich zwingt, anders zu sein, als du von Natur aus bist. Man darf nur nicht gleich beim erstenmal wieder aufgeben. Was hast du eigentlich geraucht?«

»Marihuana.«

Klaus machte eine wegwerfende Handbewegung. »Na ja, Marihuana. Das ist sowieso nicht viel. Lieber gleich richtig Hasch. Das wirkt ungefähr fünfmal stärker. Na, wie ist es, möchtest du's noch mal probieren?«

»Na ja, ich möchte schon, aber . . .«

»Nicht hier, meine ich. Hast du am Samstag Zeit? Am Samstagabend?«

»Abends ist es immer schwierig.«

»Ich könnte dich zu einer Party bei mir einladen. Nur ein paar Leutchen, keine Massenveranstaltung. Da kannst du dann mal erleben, was Haschisch wirklich ist.«

»Vielleicht könnte ich's einrichten. Darf Michael mitkommen?«

»Warum nicht? Gern!«

»Nun sag mal ganz ehrlich«, mischte ich mich ein: »Ist das Zeug nun gesundheitsschädlich oder nicht?«

Er sah mich an, als hätte ich etwas ziemlich Dummes gefragt. »Gesundheitsschädlich? Was soll ich darauf antworten? Ich hasche jedenfalls ziemlich häufig, und ich bin Sportstudent, falls deine Frage damit beantwortet ist.«

Mir genügte die Antwort. Wenn er Sportstudent war . . .

»Also gut, wir kommen«, entschied Thomas.

»Ich freue mich drauf«, versicherte Klaus, und er meinte es bestimmt ehrlich, man sah es ihm an.

Polizist:  Wollen Sie sagen, daß Sie nie mitgeraucht haben?
Michael:  Doch, doch. Nur beim erstenmal nicht. Später habe ich's auch ausprobiert.

Klaus hatte ein sehr gemütliches Zimmer, und die beiden Freunde, mit denen er uns bekannt machte, waren mir sympathisch. Der eine war Lehrling, der andere ein Schüler aus unserer Schule. Aus der Dreizehnten. Gesehen hatte ich ihn schon, aber ich kannte ihn nicht näher.
Wir waren nur fünf, und das wunderte mich. Er hatte von einer Party gesprochen, und ich dachte, bei einer Party müßten schließlich auch Mädchen dabeisein. Und dann — Haschparty, das hatte immer so einen geheimnisvollen Klang. Wenn man hin und wieder in die Illustrierten sah, dann dachte man, eine Haschparty und eine Sexorgie, das sei so ungefähr dasselbe. Offen gestanden, genau dieser Gedanke hatte mir ein bißchen Herzklopfen verursacht, als wir am Samstagabend zu Klaus gingen. Was Thomas davon hielt, wußte ich nicht. Mit ihm war auf dem Hinweg überhaupt nicht zu reden. Er erzählte lauter dummes Zeug, war laut und übertrieben lustig. Zum erstenmal kam er mir unsicher vor, aber das fand ich verständlich, denn unsicher war ich auch. Wenn Thomas es vorgeschlagen hätte, wäre ich gern noch an der Haustür umgekehrt. Mädchen waren jedenfalls nicht da, wir waren nur zu fünft, und es sah auch nicht danach aus, als sollte es eine sehr laute Party werden.
Anscheinend hielt Klaus mehr von Teppichen als von Stühlen. Jedenfalls saßen wir auf dem Boden, ein paar solcher arabischer Sitzkissen waren auch da. Sogar der Plattenspieler stand auf dem Boden in Reichweite von Klaus. Er hatte eine LP aufgelegt und ließ sie sehr leise spielen.
»Meine Wirtin hat's nicht so gern, wenn's laut wird«, erklärte er, »und außerdem ist's leise schöner. Man hört genauer hin. Das Laute drängt sich uns so sehr auf, daß wir

abschalten, daß wir versuchen, es auszuschließen. Aber das Leise läßt uns aufmerksamer sein. Es ist wirklich besser.«

Er kam nicht gleich mit Haschisch, sondern er bot uns Kaffee an, den er in einer gläsernen Kaffeemaschine zubereitete, und ein paar Plätzchen dazu.

Mich schien er nur als Mitbringsel zu betrachten, und das war mir lieb. Er versorgte mich so aufmerksam wie die beiden anderen, aber eigentlich kümmerte er sich nur um Thomas.

»Sag mal ehrlich: Hast du ein bißchen Angst?« fragte er.

»Ein bißchen schon«, gab Thomas zu.

»Brauchst du nicht. Wirklich nicht. Du hast ja auch gar nicht Angst vor dem Haschisch, sondern nur vor etwas Neuem. Was man noch nicht kennt, das fürchtet man. Eine merkwürdige Furcht ist das, ich weiß. Man will es gern kennenlernen, man ist neugierig darauf, und zugleich hat man auch Angst davor. Dabei fürchtet man sich im Grunde nur vor sich selbst. Man weiß nicht, wie man reagieren wird, was man erleben wird, ob man nicht plötzlich zu einem ganz anderen Menschen wird. Keine Angst, Thomas. Du veränderst dich nicht. Du bleibst, wer du bist. Hasch schafft gar nichts Neues, es verstärkt nur alles, was schon da ist. Du fühlst genauer, das ist es.«

»Aber beim erstenmal habe ich überhaupt nichts gefühlt.«

»Weil du's nicht richtig geraucht hast, das ist der einzige Grund. Einen Joint raucht man nicht wie eine Zigarette. Versuch es einmal mit ganz tiefen Lungenzügen, so tief es nur geht. Und achte darauf, daß du genug Luft mit einatmest. Und dann behalte die Luft und den Rauch in der Lunge, solange es nur geht. Nicht gleich wieder ausatmen! Erst dann, wenn es beim besten Willen nicht mehr anders geht. Dann wirst du die Wirkung schon bald merken. Es kann auch sein, daß es nicht gleich klappt, weißt du. Vielleicht atmest du zuerst zuwenig Luft mit ein, vielleicht auch zuviel. Man muß es ausprobieren. Laufen lernt man auch nicht an einem Tag. Mit dem Haschrauchen ist's nicht viel anders. Und dann mußt du genau aufpassen, was anders ist als sonst.

43

Weißt du, man kann high sein und es gar nicht merken. Du mußt ganz genau darauf achten, was sich verändert. Möglich, daß du es zuerst gar nicht so angenehm findest, aber das kommt mit der Zeit. Es ist doch gar kein Wunder, daß ein solcher Rausch nicht gleich angenehm sein kann. Du merkst, daß sich etwas verändert, daß du anders fühlst, wahrnimmst, empfindest. Das ist neu, und das Neue ängstigt uns. Aber das geht vorbei. Schon beim zweitenmal ist es ja auch nicht mehr neu, und dann kannst du erst wirklich genießen.«

Er sprach sehr ruhig, fast behutsam, und ich hatte das Gefühl, es läge ihm aus Gründen, die ich nicht wissen konnte, sehr viel daran, daß Thomas diesen Rausch wirklich erlebte. Und er wirkte sehr beruhigend. Die Erregung jedenfalls, die ich noch beim Eintreten empfunden hatte, war vergangen.

Und dann sprach er gar nicht mehr von Haschisch. Er erzählte von einem Buch, das er gelesen hatte, ich weiß nicht mehr, was es war; irgend etwas Heiteres. Wir kamen in ein Gespräch über tausend Nichtigkeiten, und wir lachten viel.

Erst nach einiger Zeit reichte Klaus die Zigaretten herum. Seine beiden Freunde nahmen, Thomas auch. Er hielt auch mir eine hin und sah mich fragend an, aber ich schüttelte den Kopf, holte meine eigene Zigarettenpackung hervor und zündete mir eine ganz normale Zigarette an. Klaus nickte mir zu, als wäre er durchaus damit einverstanden, daß ich ablehnte. Ich sah den anderen zu, vor allem Thomas. Er rauchte genauso, wie Klaus es ihm erklärt hatte, aber er unterschied sich von den anderen. Sie wirkten gelöst, er gespannt wie bei einem Experiment mit ungewissem Ausgang. Die anderen lächelten, er war ernst. Aber ängstlich wirkte er nicht. Nur gespannt. Wahrscheinlich war ich der einzige, der wirklich Herzklopfen hatte. Ich weiß nicht, was ich erwartete. Irgend etwas Unerhörtes.

Es geschah aber gar nichts Unerhörtes. Lange geschah überhaupt nichts. Plötzlich kicherte Thomas, und die Spannung war aus seinem Gesicht verschwunden. Er sah aus, als freute ihn irgend etwas so sehr, daß er es nicht für sich behalten konnte. Er lachte ein ganz leises, glucksendes Lachen, das ich nie an ihm gehört hatte, und seine Augen waren viel größer als sonst. Der Plattenspieler schien ihn ungemein zu fesseln. Er sah der kreisenden Scheibe zu, und sie kam ihm wohl ungemein lustig vor, denn er mußte immer wieder kichern. Dann betrachtete er gespannt seine linke Hand, die vor ihm auf dem Teppich lag, betrachtete sie verwundert, als sähe er sie zum erstenmal, richtete sich ein wenig auf, fuhr mit den Fingerspitzen der rechten ganz zart über den linken Zeigefinger, so daß er ihn kaum berührte. In seinen Augen war ein fassungsloses Staunen, als wäre es ihm völlig neu, daß er einen linken Zeigefinger hatte, oder als sei dieser Finger jetzt anders als vorher. Er packte fester zu, umspannte die linke Hand mit der rechten, strich darüber hin, drückte sie und schien etwas nicht zu begreifen. Dann mußte er unbändig lachen und streckte Klaus seine Hand entgegen, als wollte er sagen: Hier, sieh mal, was ich hier habe. Aber Klaus sah es nicht. Er hatte die Augen geschlossen und hielt den Kopf gesenkt. Ganz langsam wiegte er den Oberkörper im Takt der Musik hin und her, und manchmal öffnete er den Mund und lächelte ganz strahlend. Plötzlich schien er sich an etwas zu erinnern. Er griff hinter sich auf ein kleines Tischchen und warf mir eine Zigarette zu.

Ich nahm sie und zündete sie an.

Alles machte ich ganz genauso, wie ich es bei Klaus und bei Thomas gesehen hatte. Ich machte bestimmt nichts falsch.

Meine Augen brannten ein wenig. Vielleicht kam es vom vielen Rauch im Zimmer. Erst brannten sie, und dann fingen sie an zu tränen. Nicht viel, nur eben so, daß ich ein paarmal mit dem Handrücken darüberwischen mußte. Die Lippen wurden trocken und der Hals. Ich hatte unbändigen Durst, und in meiner Tasse war nichts mehr. Solchen Durst! Mir wurde auch schwindlig. Ich erinnerte mich genau: Damals, es mußte ungefähr fünf Jahre her sein, als ich meine erste Zigarette geraucht hatte, gemeinsam mit einem Nachbarsjungen bei uns zu Hause im Keller, da war mir auch so schwindlig geworden. Nicht sehr doll, nur gerade genug, daß es nicht angenehm war. Aber es verging wieder.

Was war denn mit dem Teppich? Woher kam dieses Rot? Es war wie eine Flamme, ganz anders als vorhin, anders als jedes Rot, das ich bisher gesehen hatte. Es gab überhaupt kein Rot, das so leuchten konnte. Und das Blau dazwischen sah aus wie Eis, nein, nicht wie Eis, wie Schnee, aber der ist nicht blau. Oder doch? Was war mit den Farben?

Ich sah die anderen vier ganz genau. Ich konnte sie beobachten, konnte sehen, was sie taten, wie sie lachten, wie sie die Lippen öffneten. Was Thomas für Zähne hatte! Sie waren gar nicht weiß. Silbern waren sie, aber es war auch kein richtiges Silber, es war eine Farbe, die ich nicht kannte, eine schöne Farbe. Aber konnte denn überhaupt jemand so viele Stunden hintereinander lächeln, einmal den Mund zu einem Lächeln öffnen und ihn gar nicht mehr schließen, nur lächeln, lächeln, lächeln ... So lange ...

Und plötzlich hatte ich Angst. Wovor, weiß ich nicht. Eine Angst, die wie ein Schraubstock in mir saß und alle Blutgefäße zusammenpreßte, daß es schmerzte. Und dieser Durst ...

Aber es war schon wieder vorbei. Es konnte nur eine winzige Zeit gedauert haben, den Bruchteil einer Sekunde, einen winzigen Bruchteil nur ... Dann war nur noch Trockenheit im Hals, Durst. Ich betastete meine Lippen, die staubtrocken waren. Woraus waren meine Lippen? War das Haut? Etwas so Feines war Haut? Meine Haut?

Ich kannte Thomas gar nicht. Dort drüben lag er auf dem Teppich. Ich wußte: Er war es. Aber ich kannte ihn nicht. Warum war er so heiter? Warum lachte er? Es war zum Lachen, wie er lachte, und ich mußte mitlachen. Wie komisch das alles war, wie irrsinnig komisch, irrsinnig, irrsinnig ... irrsinnig ... Ich?

Warum sah Klaus mich so an? Warum kam er über den Teppich auf mich zugekrochen? Warum legte er mir den Arm um die Schultern, diesen riesigen Arm?

Ich weiß nicht, wie lange es dauerte, weiß nur, daß ich genau verstand, was Klaus mir sagte.

»Es war nicht so schön, wie du gedacht hast, nicht wahr, Michael? Du hast Angst gehabt, daran liegt es. Die Droge verstärkt alles, was schon da ist. Die Heiterkeit, die Freude an den Farben, an der Musik, den Tastsinn — alles. Auch die Angst. Man soll nicht rauchen, wenn man Angst hat, Michael. Auch nicht, wenn man traurig ist. Das ist nicht gut.«

Er redete besänftigend auf mich ein, und ich beruhigte mich, fand allmählich alles wieder gut, und der Teppich hatte die alten Farben, meine Lippen waren nicht mehr aus Samt, Thomas hatte Zähne wie immer.

Nur der Durst war geblieben. Wir tranken noch eine Tasse Kaffee, dann verabschiedeten wir uns.

Draußen war es dunkel und ziemlich kühl.

Lange schwiegen wir, als schämten wir uns voreinander. Dann sagte Thomas: »Mensch, war ich albern!«

»Gar nichts«, widersprach ich.

»Aber es war schön. Wirklich schön.«

»Nie wieder!« behauptete ich.

Aber da wußte ich schon, daß ich es nur so sagte, und ich glaubte nicht daran. Haschisch lockte mich nicht. Aber Thomas rauchte es bestimmt wieder. Es hatte ihm gefallen. Und wenn Thomas es gut fand, dann mußte es gut sein, dann wollte ich ihn nicht damit allein lassen. Ich wollte nicht von dem ausgeschlossen sein, was er erlebte.

Polizist: Und Sie sind dabei geblieben?

Michael: Eine Zeitlang, ja.

Polizist: Warum?

Michael: Ich weiß nicht. Hauptsächlich wohl wegen Thomas.

Vielleicht wissen manche wirklich einen ganz bestimmten Grund, aus dem sie Haschisch rauchen wollen. Ich glaube nicht, daß Thomas ihn wußte. Wahrscheinlich war es bei ihm nur eine Art von Trotz. Er wollte endlich einmal etwas tun, was nicht von ihm verlangt wurde. Oder vielmehr: Er wollte einmal das Gegenteil von dem tun, was man von ihm erwartete, wollte sich selbst beweisen, daß er seinen eigenen Willen hatte, nicht nur wie eine Marionette an den Fäden zappelte, die vom Willen seiner Mutter bewegt wurden.

Und bei mir? Ich wußte, daß ich den Stoff eigentlich nicht mochte. Das erstemal hatte ich ihn geraucht, weil ich neugierig war. Ich wollte einmal erleben, wie das ist, wollte mitreden können, wenn Thomas davon erzählte. Mehr war es nicht. Und dann wollte ich meine Bindung an Thomas nicht aufgeben. Das begreife ich nicht ganz, aber es ist ja nun auch schon über ein Jahr her, und man begreift oft nach einem Jahr nicht mehr, was einem zuvor so wichtig war. Ein paar Monate lang gab es überhaupt nichts, was mir so wichtig war wie der Wunsch, der Freund von Thomas zu sein. Schäbig wäre ich mir vorgekommen, wenn ich nicht mehr mitgemacht hätte. Es war eine verzwickte Art von Treue. Mit fünfzehn kann man so sein, mit siebzehn wundert man sich darüber.

Die meisten, so glaube ich, haben keinen bestimmten Grund dafür, daß sie mit dem Haschen anfangen. Jedenfalls keinen, den sie ganz klar wissen und aussprechen können. Das ist doch häufig so: Erst tut man etwas, dann liefert man sich die Gründe dafür nach. Manchmal findet man sie auch nicht allein, und dann ist man froh, wenn ein anderer sie einem sagen kann. Klaus konnte es.

Er saß jetzt häufig mit uns im »Walfisch«, und manchmal brachte er den einen oder den anderen Freund mit. Immer waren sie älter als wir, meistens Studenten, und das schmeichelte uns. Zumeist wird man von denen, die auch nur ein paar Jahre Vorsprung haben, ja doch nicht ernst genommen. »Die meisten rauchen Hasch, weil sie neugierig sind«, behauptete Klaus. »Das ist verständlich. Es wird heute so viel über Haschisch geschrieben und geredet, daß man eben auch Bescheid wissen möchte. Man will nicht hinter den anderen zurückstehen. Dagegen läßt sich nichts sagen. Informiertsein ist wichtig. Bei Michael ist es zum Beispiel so. Ich habe gar nichts gegen die Leute, die nur mal aus Neugierde haschen. Aber sie haben noch längst nicht begriffen, was es wirklich damit auf sich hat.

Andere nehmen es einfach, weil sie sich langweilen, und dazu haben die meisten von uns ja nun wirklich allen Grund. Was hat uns denn das komische Leben groß zu bieten, das wir führen? Alles ist geregelt. Alles verläuft nach ganz bestimmten, festgelegten Plänen, die wir selbst nicht aufgestellt und auf die wir keinen Einfluß haben. Die Schule bestimmt: Du stehst morgens um sieben auf, damit du um acht in der Schule sitzen kannst. Bis ein Uhr hörst du dann allerlei über eine Vielfalt von Dingen, von denen manche dich halbwegs interessieren, andere gar nicht. Danach wirst du aber nicht gefragt. Man schreibt dir vor, was du zu hören, was du zu lernen hast, ob du es nun willst oder nicht. Und nachmittags sitzt du dann zu Hause über irgendwelchen Schularbeiten für irgendwelche Fächer, die dir vollkommen gleichgültig sind. Aber du machst sie, denn du willst ja möglichst nicht anecken. Die lieben Eltern geben dir das zu essen, was ihnen die Werbung als möglichst gesund eingeredet hat. Sie bestimmen, wie du dich kleidest, wie du wohnst, was du mit deinen freien Stunden anfängst, ob du in den Ferien kreuz und quer durch die Welt trampst oder zu Hause hocken bleibst. Sie suchen dir vorsorglich schon einen Beruf aus und schicken dich in die Schule, in der du ihrer Meinung nach am besten darauf vorbereitet wirst, ob es dir nun paßt oder nicht. Alles ist geregelt, und du hast kaum einen Einfluß darauf. Du wirst nur geschoben. Dein Lebenslauf ist monoton und langweilig. Wenn du dich immer nur einfügst und alles tust, was von dir erwartet wird, dann wirst du selbst schließlich stinklangweilig und merkst es gar nicht. Vielleicht merkst du es doch, und dann suchst du nach einer Möglichkeit, um aus dieser Langeweile auszubrechen. Eine dieser Möglichkeiten findest du im Haschisch. Das schickt dich in eine Welt, die anders ist als deine Alltagswelt. Da ist es nicht mehr langweilig. Da wird dir auch nichts vorgeschrieben. Manche nehmen Haschisch deswegen. Ich kann es verstehen, aber ich finde, auch das ist noch nicht genug.«

Thomas nickte. »So ungefähr ist es bei mir, glaube ich.«

»Noch ist es bei dir so«, bestätigte Klaus. »Für den Anfang

habe ich auch gar nichts dagegen. Aber gerade bei dir möchte ich gern, daß du erkennst, wieviel mehr an der Sache ist.«

»Was denn?«

»Sieh mal, eines ist doch ganz klar: Wenn dir dein Leben bis in alle Einzelheiten vorgeschrieben wird, so daß du kaum noch über dich selbst entscheiden kannst, dann liegt es doch nicht einfach daran, daß deine Eltern es so wollen oder daß die Lehrer es so am bequemsten finden. Eltern und Lehrer sind selbst nur Bestandteile und Ergebnisse einer Gesellschaft. Was sie tun oder lassen, was sie für richtig oder für falsch halten, wird von dieser Gesellschaft bestimmt. Sie entscheiden auch gar nicht nach ihrem eigenen Willen, sondern nach den Vorschriften der Gesellschaft. Meistens wissen sie das selbst gar nicht. Sie sind überzeugt, daß sie sich ihre eigenen Gedanken gemacht haben. Für jede Entscheidung haben sie ihre guten Gründe, oder sie sind doch davon überzeugt. Aber sie täuschen sich. Sie haben sich so sehr angepaßt, daß sie gar nicht mehr zu eigenem Überlegen und Entscheiden kommen. Sie übernehmen nur noch die Normen und Maßstäbe, die ihnen die Gesellschaft geliefert hat.

Aber wie sieht denn diese Gesellschaft aus?

Sie ist autoritär. Wer am meisten Geld verdient, der hat auch am meisten zu sagen. Es gibt Befehlen und Gehorchen, weiter nichts. Und wehe dem, der sich gegen die Autorität auflehnt oder aus ihr ausbrechen will! Er wird ausgestoßen, wird bestraft, wird als ein Außenseiter der Gesellschaft, wird als Schädling behandelt.

Aber diese Gesellschaft ist nun einmal alt und faul. Was haben wir eigentlich noch mit ihr zu tun? Sie ist so spießbürgerlich, daß sie schon stinkt. Denkt doch bloß einmal an das Thema Sex! Was erlebt ihr denn auf diesem Gebiet, das ja schließlich für den Menschen nicht unwichtig ist, auch in eurem Alter nicht? Unterdrückung erlebt ihr! Die Gesellschaft schreibt euch vor, was ihr mit eurer Sexualität anfangen dürft und was nicht. Genaugenommen verlangt sie, daß ihr überhaupt nichts damit anfangt. Ihr sollt so tun, als gäbe es gar keine Sexualität. Wenn ein Mensch sich nämlich ganz auslebt, mit allem, was zu ihm gehört, auch mit seiner Sexualität, dann merkt er erst richtig, wie und was er selbst ist. Dann läßt er sich nicht mehr so leicht manipulieren, so widerstandslos hin und her schieben. Er wird selbstbewußter. Aber das können diejenigen nicht vertragen, die in dieser Gesellschaft den Ton angeben, also richten sie ein Tabu auf und verteidigen es mit allen ihren Mitteln: Mit Unterdrückung, Gesetz, Gericht, Polizei.

Seht ihr, wer Haschisch raucht, der protestiert auch gegen diese verrottete Gesellschaft und die Zwänge, die sie uns auferlegt. Gerade weil sie ihm das Haschisch nehmen will, bleibt er dabei. Im Haschischrausch erweitert sich ja sein Bewußtsein. Er erschließt sich neue Räume, in die keine Gesellschaft hineinregieren kann. Er macht sich frei von den Repressionen, von dem Druck der Autoritäten, von der Spießbürgerlichkeit, die ihn einengt.

Und dabei erlebt er dann etwas sehr Wichtiges: Er erlebt, daß man dem Druck dieser Gesellschaft tatsächlich ausweichen kann, und er lernt, daß man diesem Druck auch sehr planvoll und bewußt ausweichen kann und soll. Unterdrücken und manipulieren kann die Gesellschaft uns nur, solange wir es zulassen. Auf die Dauer schafft sie es nicht, wenn wir uns bewußt dagegen wehren. Das sollte man klar sehen, dann bekommt das Haschischrauchen einen neuen Sinn. Es ist ein Protest, der nicht mehr nur in irgendeiner Schülerzeitung proklamiert wird, sondern der sich in einer bewußten Handlung ausdrückt, die eine Rebellion gegen diese Gesellschaft ist.«

Ich mischte mich ein. »Mir leuchtet das nicht ein, Klaus. Diese Gesellschaft, wie du sagst, die ist gegen solche Drogen, das stimmt. Man hört ja täglich davon. Aber sie ist doch nur dagegen, weil Drogen gefährlich sind, weil sie uns krank machen können oder so etwas.«

Klaus lächelte spöttisch und nachsichtig. »Und daran glaubst du? Natürlich behauptet die Gesellschaft, sie wäre nur zu unserem Schutz gegen solche Drogen, die sie Rauschgifte nennt, weil das so schön unheimlich und lasterhaft klingt. Tatsächlich ist sie aber gegen diese Drogen, weil sie sich selbst schützen will. Die Mächtigen wollen die Macht behalten. Deshalb können sie keine Menschen brauchen, die sich über ihre Lage klar werden und gegen die Mächtigen rebellieren. Die Droge befreit uns von allen möglichen Hemmungen, die uns von der Gesellschaft auferlegt werden. Aber die Mächtigen brauchen keine Freien, sie brauchen Untertanen. Darum sind sie gegen Hasch und LSD. Selbstverständlich spricht man das nicht aus. Man tarnt sich; man tut fürsorglich. Da stellt sich dann bei den Bundesjugendspielen ein dickbäuchiger und asthmatischer Schulrat hin und sagt: Deutsche Jugend, treibe Sport! Eine gesunde Seele in einem gesunden Körper! Alles Unsinn! Warum denn Sport? Damit du gesund bleibst? Geht es wirklich um dich? Ach wo! Die Wirtschaft braucht leistungsfähige Arbeitskräfte. Die Bundeswehr will Soldaten haben, die ausdauernd und zäh sind und die man dann in einem Krieg verheizen kann. Darum geht es doch!«

Klaus wurde unterbrochen. Einer seiner Freunde, auch ein Student, der mir mit seinem leicht welligen, rötlichen Vollbart sehr imponierte, hob die Hand, als wollte er abwehren, was Klaus sagte. Dann sprach er selbst mit sehr leiser Stimme und so, als müßte er jedes Wort erst irgendwo suchen:

»Was Klaus sagt, mag alles richtig sein. Ich will ihm nicht widersprechen. Aber ich glaube nicht, daß er wirklich alles sagt. Es ist viel, viel mehr. Der Mensch hat nicht nur einen Körper, nicht nur einen Verstand. Er hat auch eine Seele. Aber unsere Seelen sind verkrustet. Ein dicker Panzer aus Gelerntem, aus Vorgeschriebenem, aus kritiklos Übernommenem hat sich um sie gelegt. Nehme ich jedoch solche Drogen, dann zersplittert der Panzer, und die Seele kann sich befreien. Sie dringt in Gebiete des Lebens ein, die ihr bisher verschlossen waren. Sie ergründet Geheimnisse. Ich erlebe eine ganz neue Welt der Schönheit, der tiefempfundenen Erfahrungen. Ich erlebe, daß die Welt anders ist, als ich bisher geglaubt habe, weil man es mich so lehrte. Und zugleich begreife ich, daß ich Bestandteil dieser anderen Welt bin, wenn ich es auch bisher nicht wußte. Was ich erlebe, ist eine neue

Wirklichkeit; nein, es ist wirklicher als die Wirklichkeit; es geht weit darüber hinaus. Durch die Droge kann ich entdecken, daß ich mit dem Weltall eins bin. In unserem Alltagsleben können wir das nicht mehr begreifen. Aber es ist ungeheuer wichtig, und es gibt uns eine neue Religion.

Darum möchte ich, daß viele Menschen diese Drogen nehmen. Sie erkennen sich dann selbst in einem neuen Zusammenhang, und schon dadurch verändern sie die Welt. Sie bilden eine neue Gemeinschaft von Menschen, die sich aus allen Zwängen lösen, denen wir jetzt noch unterworfen sind. Sie beseitigen die Konflikte, weil sie erkennen, woher diese Konflikte stammen. Und dann wird es eines Tages möglich sein, in einer Welt zu leben, die solche Konflikte nicht mehr kennt. Wer einen Blick in das tut, was wirklich ist, der begreift auch, wie es einmal sein kann. Dann wird er erst fähig, diese mögliche Welt mit aufzubauen. Das ist für mich keine politische, sondern eine religiöse Aufgabe.«

Thomas war deutlich anzusehen, daß ihm weit mehr zusagte, was Klaus erklärt hatte. Auch ich konnte mit dem, was der Bärtige sagte und meinte, nicht viel anfangen. Von Klaus war ich aber auch nicht überzeugt.

Warum sollte ich gegen das, was mir an meiner Welt nicht paßte, besser protestieren können, wenn ich high war und alles anders sah, als es sich sonst zeigte? Das hatte ich doch selbst erlebt! Manches hatte anders ausgesehen. Meine Haut war nicht mehr meine vertraute Haut. Thomas' Zähne hatten eine Farbe, die ich nie gesehen hatte. Die Musik bestand aus Tönen, die ich sonst nicht hören konnte. Nun gut, Klaus behauptete, meine Aufnahmefähigkeit habe sich eben erweitert, und ich hätte manches zum erstenmal so wahrgenommen, wie es wirklich ist. Aber stimmte das?

Hatte ich die Dinge nicht vielmehr so gesehen, wie sie in Wirklichkeit eben nicht sind? War mein Bewußtsein nun erweitert oder verzerrt worden? Sahen Geisteskranke nicht auch Dinge, die es nicht gab? Sahen sie die Dinge nicht anders als der Gesunde? Ich glaube eher an eine Entstellung. Ich hatte Dinge gesehen, die es nicht gab. Die Zeit hatte sich gedehnt und zusammengezogen. Eine Minute war nicht eine Minute geblieben, die aus sechzig säuberlich aufgereihten, gleich langen Sekunden bestand. Die Droge hatte mich getäuscht.

Das brauchte nicht gegen Haschisch zu sprechen, brauchte nichts Schlechtes zu sein. Ein Zauberkünstler täuscht uns auch, und wir wissen es und amüsieren uns darüber. Konnte man nicht ebenso Haschisch recht amüsant finden, obwohl man wußte, daß es täuschte? Warum sollte man sich einreden, es zeige Wirklichkeit, die man sonst nicht hören, sehen, riechen, schmecken und betasten könne?

Mich wunderte nur der gierige Eifer, mit dem Thomas alles aufnahm, was Klaus ihm sagte. Vielleicht gab es wirklich keine Haschisch-Sucht. Aber ich hatte das Gefühl, Thomas erliege mehr und mehr der Klaus-Sucht, und das ängstigte mich.

Klaus und der Bärtige sprachen auch viel zu lange über ihr Lieblingsthema. Birgit und Monika gähnten deutlich. Monika war überhaupt nur einmal interessiert gewesen, als Klaus von Sex gesprochen hatte, aber dann rührte sie in ihrer Cola und wartete, daß man endlich wieder zu etwas anderem überginge.

Ich tat ihr den Gefallen.

Polizist: Haben Sie sehr oft Hasch geraucht?
Michael: Ein paarmal, Thomas häufiger.

Das kann man wohl sagen! Und es lag nicht einmal an Klaus und dem Bärtigen. Die hielten nicht viel davon, wenn man allzu oft rauchte.

Im »Walfisch« fiel es selbstverständlich auf, daß wir jetzt so oft mit Klaus und seinen Freunden beisammensaßen, und man zog seine Schlüsse daraus. Und so kam es, daß wir im Laufe der nächsten Zeit mit diesem und jenem ins Gespräch kamen. Man zählte uns zu den Eingeweihten, deshalb sprach man offen mit uns, und allmählich begriff ich, wie viele hier mit dem Stoff umgingen.

Wir wurden oft eingeladen, und meistens gingen wir mit. Ich rauchte nicht jedesmal, aber ein paarmal habe ich es noch versucht, und ich merkte, daß mir allmählich immer weniger Züge genügten zum Highwerden. Tatsächlich: Man brauchte nicht mehr und mehr von dem Stoff, weil man sich daran gewöhnt hatte, sondern man brauchte immer weniger, und es wirkte doch.

So oft wie Thomas konnte ich gar nicht dabeisein. Meine Eltern hatten etwas dagegen, wenn ich öfter als zweimal in der Woche abends wegging, und ich wollte es nicht auf einen Krach ankommen lassen. Ich hätte doch nur den kürzeren gezogen, und dann wär's auch mit zweimal in der Woche vorbei gewesen.

Verwunderlich war, daß Thomas jetzt fast jeden Abend ausbleiben konnte. Wie ich seine Mutter kannte, grenzte das wahrhaft an ein Wunder. Ich fragte Thomas auch danach, und er erklärte mir:

»Die ersten beiden Male hat es Krach gegeben, und dann habe ich erzählt, ich ginge zu Klaus und der wolle mir ein bißchen im Latein auf die Sprünge helfen. Natürlich hat Mutter das nicht geglaubt. Aber da hab ich ihr die Telefonnummer von Klaus gegeben, und sie hat bei ihm angerufen. Er hat's bestätigt. Fand ich nett von ihm. Die Sache hat nur einen Haken: Der Klaus ist zu gewissenhaft. Stell dir vor, der besteht jetzt wirklich darauf, daß wir uns hin und wieder eine Viertelstunde mit Latein beschäftigen. Wenn ich dich mal als Ausrede brauchen sollte, kann ich mich doch auch auf dich verlassen, wie?«

»Soll ich auch Latein mit dir üben?«

»Nicht unbedingt. Du kannst ja sagen, daß wir gemeinsam Schularbeiten machen.«

Der Gedanke wäre vielleicht gar nicht so schlecht gewesen, denn bei Thomas war es mit den Schularbeiten nicht mehr so sehr weit her. Meistens schaffte er es gerade noch, sie in der großen Pause bei irgendwem abzuschreiben, aber ein paarmal fiel er auch auf. Und das ausgerechnet in Mathematik bei Kröger, der ihn ohnehin nicht leiden konnte.

»Mensch, Thomas, lange geht das nicht gut«, warnte ich ihn. »Wie ich den Kröger kenne, schreibt der eines Tages deinen Eltern einen Brief, oder er tanzt höchstpersönlich nachmittags zum Kaffeetrinken an. Hat er bei mir in der siebten Klasse auch getan, als ich meine schwache Mathewelle hatte. Und dann weiß ich wirklich nicht, wie du dich da bei deiner Mutter rausreden willst.«

Er winkte ärgerlich ab. »Gar nicht. Man darf sich nicht dauernd anpassen. Gegen Repressionen richtet man am leichtesten etwas aus, wenn man sie einfach ignoriert. Wenn man sich diesem System von Unterdrückungen dauernd fügt, dann festigt man es nur und ist selbst mitschuldig.«

Ich mußte lachen. »Du hast aber außer Latein auch sonst schon 'ne ganze Menge von Klaus gelernt, wie?«

»Wieso von Klaus? Schließlich hat man seinen Kopf zum Denken, und wenn man mal über den ganzen Kram so richtig nachdenkt, dann kommt man selbst darauf, daß man sich wehren muß, wenn man nicht eingewickelt werden will.«

Ich kann nicht sagen, daß Thomas sich sehr verändert hatte. Meistens war er noch ganz der alte. Nur eines fiel mir auf: Er interessierte sich in letzter Zeit mächtig für Politik, und wenn wir in der Klasse Staatsbürgerkunde hatten, war er gar nicht mehr zu bremsen. Er diskutierte unablässig. Auch in Geschichte. Wir hatten beide Fächer bei Dr. Scholz, und der war mit Thomas sehr zufrieden. Er versprach sogar einmal, alles wieder einzurenken, als Thomas einen neuen Krach mit Kröger gehabt hatte. Klaus und der Bärtige waren eigentlich schon bald nicht mehr diejenigen, zu denen wir am häufigsten gingen. Manchmal sagte Thomas, er habe keine Lust, oder er sei schon mit einem anderen verabredet. Das stimmte wahrscheinlich auch, wenn ich auch nicht gleich wußte, wer dieser andere war. Aber dann merkte ich es doch. Es war Norbert, ein Lehrling im dritten Lehrjahr, der zwanzig Kilometer entfernt wohnte und deshalb hier in der Stadt eine eigene Bude hatte. Bei dem gab es oft Partys, aber immer unter der Woche, darum war ich nie dabei. Am Wochenende fuhr Norbert nach Hause.

Aber einmal, an einem Mittwochabend, könnte ich gut aus- bleiben, weil meine Eltern weggefahren waren und erst in der Nacht wiederkommen wollten. Und am Nachmittag sagte mir Thomas: »Heute abend haben wir wieder 'ne kleine Fete bei Norbert.«

»Prima! Dann kann ich ja mal mitkommen!«

Es war ihm unangenehm, und er druckste erst ein bißchen herum, ehe er sagte: »Du, Michael, ich glaube, das geht nicht. Norbert hat es nicht so gern, wenn ich einen anderen mitbringe, weißt du.«

»Er kennt mich doch. Du kannst ihn ja mal fragen.«

»Ich kenne ihn besser, darum frage ich ihn lieber nicht.«

»Dann frage ich ihn eben selbst.«

»Das laß lieber bleiben.«

Allmählich regte es mich auf, daß er wie die Katze um den heißen Brei ging. »Nun sag doch gleich, daß du mich nicht dabeihaben willst. Ich bin ja gar nicht so scharf drauf. Wenn du mich nicht haben willst, dann bleibe ich eben weg!«

Er war verlegen. »So ist das wirklich nicht, Michael, das darfst du nicht glauben. Es ist nur ...« Aber er sagte dann doch keinen Grund.

Ich war gründlich verstimmt, und richtig böse wurde ich, als ich dann am Spätnachmittag merkte, daß Birgit mit zu dieser Party ging. Sie wollte er also dabeihaben, mich nicht.

Als wir zum Abendessen heimgingen, sagte ich ihm das auch, und nun versuchte er nicht mehr, es abzustreiten.

»Die geht heute zum erstenmal mit. Wir sind überhaupt nur vier. Norbert und eine Freundin von ihm, die ich nicht ken- ne, und dann Birgit und ich.«

»Orgien feiern?«

Er grinste. »Weiß nicht. Mal sehen, was sich so ergibt. Sie schmust ja ganz gern, aber weiter ist nichts. Manche behaup- ten ja, Haschisch heizt da ein bißchen an. Ich habe keine Ah- nung, ob es stimmt, aber ... warum eigentlich nicht?«

»Birgit ohne Monika? Gibt's die überhaupt einzeln? Dann könnten wir beide doch auch mitkommen.«

Er sah mich überrascht an. »Willst du wirklich?«

»Nee, eigentlich lieber nicht«, gab ich zu.

»Na, also!«

Am nächsten Morgen trafen wir uns auf dem Schulweg.

»Na?«

Er schüttelte den Kopf. »War nichts. Die war so high, daß man sie kaum noch ansprechen konnte. Die hat bloß noch gelacht und gesungen, das war aber auch alles.«

»Und nachher?«

»War's wie immer, also auch nichts.«

»Pechvogel.«

»Ach, ich weiß nicht. Vielleicht ist es auch ganz gut so.«

Polizist: Wenn Thomas viel Hasch genommen hat, brauchte er doch auch eine Menge Geld? Das Zeug ist ja nicht gerade billig. Und Sie mußten doch den Stoff kaufen?

Michael: Meistens waren wir eingeladen. Ich selbst habe überhaupt nie gekauft.

Polizist: Und Thomas?

Michael: Manchmal.

Polizist: Und woher hatte er das Geld dazu?

Michael: Weiß ich nicht.

»Du, Michael, ich sitze in 'ner Klemme. Kannst du mir nicht aushelfen?« Das war in der großen Pause auf dem Schulhof.

»Womit denn?«

»Ich brauche ein paar Mark. Wir haben heute wieder 'ne Party bei Norbert. Aber er hat gesagt, er könne schließlich nicht jedesmal den Stoff allein besorgen. Diesmal bin ich an der Reihe, weißt du, und ich bin augenblicklich völlig pleite.«

»Ich bin auch kein Krösus.«

»Viel brauche ich nicht. Fünfzehn Mark vielleicht.«

»Spinnst du? Ich habe noch genau elf Mark dreißig, und bis zum Taschengeld dauert's noch über eine Woche.«

»Bei mir nicht. Ich kriege übermorgen. Dann geb ich's dir auch gleich zurück. Zehn Mark, Michael. Nun los, sei nicht so!« Er war völlig sicher, daß ich nicht auf die Dauer nein sagen würde, und ich war auch schon halbwegs davon überzeugt. Thomas hatte mich tatsächlich noch nie um etwas gebeten, und wir waren immerhin Freunde.

»Also gut, meinetwegen. Zehn Mark, bis übermorgen.«

»Abgemacht.«

Er steckte meinen Zehnmarkschein ein und lächelte mich dafür an. Das war das letzte, was ich von meinem Zehnmarkschein sah, und deswegen haben wir uns zum erstenmal ernsthaft gestritten. So üppig ist mein Taschengeld nun auch wieder nicht, daß ich zehn Mark leicht verschmerzen könnte. Und außerdem hatte er versprochen, ich bekäme das Geld am übernächsten Tag zurück.

Aber als es soweit war, gestand er mir kleinlaut, daß er es noch nicht zurückgeben könne. Er habe da noch ein paar andere Schulden bezahlen müssen, und darum reiche es nun hinten und vorn nicht mehr. Ich müsse noch ein Weilchen warten, aber er werde das Geld bestimmt schnell besorgen, und dann bekäme ich es gleich zurück.

Ich glaube bis heute nicht, daß er mich absichtlich angelogen hat. Bestimmt hatte er fest vor, mir das Geld zurückzugeben. Aber dann kam ihm der große Krach dazwischen. Ich hatte ihn ja vorausgesehen. Mit Kröger konnte es auf die Dauer nicht gutgehen. Nicht, wenn man es ohnehin mit ihm verdorben hatte.

Es war an einem Samstagmorgen in der Mathestunde. Ich wußte, daß Thomas am Abend zuvor wieder bei Norbert gewesen war, und er hatte mir erzählt, sie hätten diesmal nicht gehascht, weil keiner Stoff hatte, sondern bloß ein bißchen getrunken. Vielleicht war es auch mehr als ein bißchen gewesen, denn Thomas wirkte ziemlich verkatert.

Wir bekamen an diesem Morgen eine Arbeit zurück, und Thomas hatte eine Vier geschrieben. Sonst stand er in Mathe besser, und das war Kröger wahrscheinlich gar nicht recht. Ich hatte auch eine Vier, die mich nicht erschütterte, und Kröger sah darin ebenfalls keinen Anlaß zu irgendeinem Kommentar. Mal Drei, mal Vier, so war das bei mir in Mathe.

Als er aber Thomas das Heft zurückgab, konnte er sich eine Bemerkung nicht verkneifen. »Das wird immer schlechter. Zwei, Drei, Vier, wir können also fest damit rechnen, daß die nächste Arbeit eine glatte Fünf sein wird. Wenn du in meinen Fächern weiter so nachläßt, sehe ich für die nächste Versetzung sehr schwarz.«

Zugegeben, das war gemein von Kröger. Von Nachlassen konnte nicht die Rede sein. Bestimmt nicht. Schließlich passierte es jedem einmal, daß eine Arbeit nicht so ausfiel wie die anderen. Bei keinem von uns hätte Kröger ein Wort darüber verloren, aber bei Thomas war das eben anders.

Andererseits hätte Thomas auch den Mund halten können. Er hätte sich nichts dabei vergeben, man braucht Streit ja nicht unbedingt zu suchen. Aber er hatte wohl einen Kater, und Kröger fiel ihm sowieso auf die Nerven. Und so antwortete er: »Ihr Unterricht wird ja auch immer beschissener!«

Ich glaube, es gab in der Klasse keinen, der nicht erschrak. Jetzt mußte Kröger explodieren, und was dann folgte, konnte man sich leicht ausmalen: Eintragung ins Klassenbuch, dann zum Direktor, vielleicht vor die Konferenz. Keine rosigen Aussichten für Thomas.

Aber Kröger verblüffte uns. Er sah nur für einen Augenblick erstaunt aus, dann tat er, als hätte er die keineswegs geflüsterte Bemerkung überhört und teilte weiter die Hefte aus, als wäre nichts geschehen.

Thomas grinste, aber wir anderen sahen in dieser Ruhe kein gutes Vorzeichen.

Am Abend beurteilte Thomas die Lage vermutlich auch ganz anders.

Kröger hatte Herrn Dirks aufgesucht, ihm den Vorfall dieses Morgens geschildert, darauf hingewiesen, daß Thomas schon seit einiger Zeit immer aufsässiger und unaufmerksamer werde, und schließlich klipp und klar erklärt, er wolle kein großes Aufheben von dem Fall machen, zumal er die älteste Tochter des Hauses von der Pädagogischen Hochschule her gut kenne und auch schätze, doch im Wiederholungsfalle werde er sich entschieden weigern, Thomas länger zu unterrichten. Bei aller Pflicht, für das Gehalt, das man bekomme, auch die verlangte Arbeit zu leisten, gebe es auch Grenzen, und die habe Thomas nun endgültig erreicht. Dem Herrn Direktor habe er von dem Vorfall nicht Mitteilung gemacht, weil er hoffe, der Vater könne auf seinen Sohn selbst so einwirken, daß ähnlich unliebsame Dinge sich künftig nicht wiederholten und daß Thomas endlich die Arbeitshaltung und die Leistung zeige, die seiner zweifellos vorhandenen überdurchschnittlichen, aber völlig unausgenützten Begabung entsprächen. Sollte dieser Versuch scheitern, sagte Kröger, so werde er ernsthaft erwägen müssen, auf welche Weise er sich eines Schülers entledigen könne, der nicht nur die Arbeit des Lehrers erheblich behindere, sondern der außerdem in seiner gegenwärtigen Haltung auch keinen guten Einfluß auf die übrige, bisher sehr ordentliche Klasse ausübe. Punkt.

Nun wäre vielleicht alles noch immer nicht so schlimm geworden, wenn Thomas daheim gewesen wäre, als sein Vater kam. Er war aber noch unterwegs, und so konnte Herr Dirks seinen Zorn zunächst nur bei Frau und Töchtern abladen, und als Thomas dann endlich kam, waren die Kräfte ungleichmäßig verteilt: vier gegen einen.

Es gab ein ungewöhnliches Donnerwetter und eine wahre Sturzflut harter Maßnahmen: Ausgangssperre, tägliches Vorzeigen der Schularbeiten und eine förmliche Entschuldigung bei Studienrat Kröger, das waren die Dinge, die Thomas hinnahm, wenn er sie auch übertrieben fand.

Daß er zum Friseur gehen und sich die Haare schneiden lassen sollte, regte ihn weit mehr auf, denn er fand — und darin kann ich ihm nur beipflichten —, daß sein Haar mit der ganzen Geschichte nun aber auch ganz und gar nichts zu tun habe. Deshalb denke er auch nicht daran, sich in diesem Punkt zu fügen.

Daß er, wie seine Mutter verlangte, sich künftig »anständig« kleiden und nicht mehr in einer speckigen Amijacke umherlaufen sollte, war dagegen nicht ganz so schlimm, zumal Thomas überzeugt war, daß er sich in dieser Sache ohnehin durchsetzen konnte.

Die sechste Maßnahme erschreckte ihn am meisten: Taschengeldentzug zunächst für zwei Monate. Dann werde man weitersehen, wenn eine Nachfrage in der Schule befriedigende Auskünfte bringen sollte.

Da hatte Thomas sehr heftig widersprochen und schließlich zugegeben, Taschengeldentzug sei schon deswegen unmöglich, weil er ein paar Schulden habe, die er unbedingt bezahlen müsse. Das Wort Schulden regte nicht nur seine Mutter, sondern diesmal ganz besonders den Vater auf, aber erweichen konnte es Herrn Dirks durchaus nicht. Damit sei, so meinte er, lediglich bewiesen, daß Thomas mit Taschengeld noch gar nicht umgehen könne. Jetzt solle er gefälligst aufschreiben, wem er wieviel schulde, dann werde er von seinem Vater soviel Geld bekommen, daß er die Schulden bezahlen könne, und am nächsten Tag solle er die Quittungen darüber vorlegen.

Da Thomas im Augenblick keinen anderen Ausweg sah, hatte er sich endlich gefügt und zugegeben, daß er Norbert zwanzig, einem Jungen aus unserer Klasse zehn und Birgit fünf Mark schuldete. Fünfunddreißig Mark erschien ihm ansehnlich genug, zumal sein monatliches Taschengeld nur fünfundzwanzig Mark betrug, deshalb hatte er die zehn Mark, die ich von ihm zu bekommen hatte, nicht auch noch angegeben. Er war mächtig niedergeschlagen, als er mir das alles erzählte, und ich war verärgert.

»Wenn du schon mit einem Schlag alle deine Schulden loswerden konntest, dann hättest du mich mit meinen zehn Mark auch nicht hängen zu lassen brauchen! Meinst du vielleicht, ich habe es so reichlich? Jetzt kann ich noch mindestens zwei Monate warten, und immerhin brauche ich schließlich auch ab und zu ein bißchen Geld!«

»Du hast ja ganz recht«, gab Thomas zu, »aber ich dachte, weil wir doch Freunde sind ...« Er versuchte sogar ein Lächeln, aber es mißlang ihm.

Ich war ernstlich böse, doch ich konnte es nicht lange sein, wenn es um Thomas ging. Also gut, dann gingen die zehn Mark eben drauf!

Aber von diesem Tage an zog Thomas sich ein wenig von mir zurück. Nein, das ist nicht der richtige Ausdruck. Wir waren auch weiterhin noch beisammen. Ich war jetzt sogar öfter bei ihm in seinem Zimmer, und wir hockten gemeinsam über den Schularbeiten. Aber wir waren eben nur noch beisammen. Es war nicht mehr so wie vorher.

Das über Thomas verhängte Ausgangsverbot wurde ziemlich scharf überwacht. Zu Besuchen im »Walfisch« gab es kaum noch eine Möglichkeit für ihn, und allein ging ich nur ein einziges Mal hin. Es machte mir keinen großen Spaß. Außerdem war ich im Grunde ganz froh, auf diese Weise Monika wieder loszuwerden. Sie war ja soweit ganz nett, aber in der neunten Klasse war mir ein anderes Mädchen aufgefallen, das mir entschieden besser gefiel, und ich hatte das Gefühl, mit einer Einladung in den »Walfisch« wäre bei ihr nicht viel auszurichten.

Polizist: Das wissen Sie nicht? Hat es da nicht einmal im Zusammenhang mit Geld erheblichen Ärger gegeben? Das kann Ihnen doch wahrhaft nicht entgangen sein.

Michael: Was Sie meinen, war ein bißchen später. Mindestens drei oder vier Monate.

Den ersten Monat wurden alle Beschränkungen, denen Thomas unterworfen war, sehr strikt eingehalten. Dann lockerte sich das alles ein wenig. Der Vater hatte nicht jeden Abend Zeit und Lust, sich die Schularbeiten wirklich anzusehen, die Mutter fürchtete, es könne für ihren Sohn nicht sehr gesund sein, wenn er abgesehen vom Schulweg niemals an die frische Luft komme, und sie hatte gegen ein gelegentliches Umgehen des Ausgangsverbots nicht mehr viel einzuwenden. Kröger hatte die Entschuldigung, die Thomas gleich am nächsten Morgen vor der Klasse anbrachte, mit unbewegtem Gesicht zur Kenntnis genommen, und jetzt gab er sich offenbar redliche Mühe, sich so fair wie möglich zu verhalten. Er demonstrierte geradezu seine Entschlossenheit, Thomas nichts nachzutragen, kümmerte sich im Unterricht mehr als zuvor um ihn und zeigte gelegentlich sogar eine Art Wohlwollen. Das fiel auch den anderen Lehrern nicht schwer. Bei den einen war Thomas ohnehin beliebt, bei den anderen machte es sich bemerkbar, daß er zur Zeit mehr als gewöhnlich für die Schule arbeitete, weil ihm nichts anderes übrig blieb.

Alles deutete also darauf hin, daß die Erkundigungen, die Herr Dirks nach zwei Monaten einholen wollte, kein ganz schlechtes Ergebnis bringen konnten. Der große Krach schien abzuebben, und bald würde wohl alles wieder vergessen und vergeben sein.

Unverändert war eigentlich nur noch eine einzige Maßnahme geblieben: Thomas bekam kein Taschengeld. Das störte ihn sehr.

Als wir einmal zwei Stunden Englisch gearbeitet hatten und Frau Dirks meinte, wir sollten ruhig noch eine Stunde hinausgehen, guckten wir mal wieder in den »Walfisch«. Daß Thomas keinen Pfennig Geld in der Tasche hatte, war nicht weiter schlimm. Zu einer Cola konnte ich ihn schon einmal einladen, und das ließ er sich auch gefallen.

Birgit und Monika waren nicht da. Wir hörten, sie hätten sich schon seit einiger Zeit nicht mehr sehen lassen. Vielleicht hatten sie sich ein neues Stammlokal gesucht und neue Verbindungen angeknüpft.

Aber Norbert war da, und er kam gleich an unseren Tisch, schien sich offenbar zu freuen, daß er Thomas wiedersah, konnte sich aber zugleich ein bißchen Spott nicht verkneifen. »Na, hat die liebe Mutti dich mal wieder rausgelassen? Mensch, Thomas, das ist doch kein Leben. Kein Geld, keinen Ausgang, überhaupt nichts! Ich verstehe nicht, daß du dir so etwas gefallen läßt. Wieso bilden sich die Eltern überhaupt ein, sie könnten einfach über alles bestimmen? Dazu ist man doch mit sechzehn nun wahrhaftig groß genug. Ich würde mir das einfach nicht gefallen lassen und auf alle Verbote pfeifen.«

Thomas winkte ab. »Wozu denn? Dann wird der Krach nur noch größer, und davon habe ich gar nichts. Wir können aufmucken, soviel wir wollen — die Eltern sitzen doch immer am längeren Hebel. Dagegen läßt sich vielleicht etwas tun, wenn man einundzwanzig ist. Aber vorher? Sie haben doch alle Macht auf ihrer Seite, und wenn man sich dagegen auflehnt, können sie einem alles auf den Hals hetzen, was man sich nur vorstellen kann: Polizei, Jugendamt, Schule — einfach alles. Da halte ich lieber noch ein paar Wochen den Mund und schlucke, und anschließend kann ich dann wieder so ziemlich machen, was ich will.«

»Wie du meinst. Für mich wäre das nichts. Ich würde ganz schön auf den Tisch schlagen, darauf kannst du dich verlassen. Aber den Ärger hab ich zum Glück nicht. Ich habe meine sturmfreie Bude für mich allein, Mutti kümmert sich übers Wochenende darum, daß ich wieder saubere Unterhosen und Hemden habe, aber mir redet keiner in meinen Kram.«

»Du hast's eben besser, andere haben's schlechter, da kann man nichts machen. Wenn du Zeit hast, kannst du mich ja ein bißchen bedauern.«

»Tu ich, Thomas, bestimmt. Außerdem sollst du zwischendurch wenigstens mal wieder 'ne Freude haben. Komm, rauch eine mit. Ich habe da eine ganz neue Quelle aufgerissen. Der Stoff ist erstklassig und nicht mal teuer.«

Ich wollte nicht mitrauchen, aber Thomas rauchte seinen ersten Joint seit einem Monat, und er schien sich dabei sehr wohl zu fühlen. Ich hörte auch, daß er sich für den nächsten Nachmittag mit Norbert verabredete, und das wunderte mich, denn so großzügig war seine Mutter nun auch wieder nicht. Auf dem Heimweg sagte er: »Weißt du, Michael, eigentlich ist das mit dem Hasch schon eine feine Sache. Da hat man Ärger, Ärger und nichts als Ärger, aber wenn man das Zeug raucht, dann ist der plötzlich wie weggeblasen. Da kümmert einen das alles gar nicht mehr. Man denkt nicht mehr dran. Man kann einfach Urlaub nehmen von dem, was man so alltäglich am Hals hat.«

»Aber, wenn man nicht mehr high ist, dann ist der Ärger wieder da. Das hat doch nicht viel Sinn«, wandte ich ein.

»Klar, der Ärger ist wieder da! Aber es ist doch nicht ganz dasselbe. Man weiß: Wenn ich will, dann kann ich das alles einfach abschalten. Ich kann ausbrechen. Hasch ist ein Ausweg.«

»Auf Zeit.«

»Klar, auf Zeit. Aber das ist doch immerhin besser als gar nichts, oder?«

»Finde ich nicht.«

»So? Aber wenn du zum Beispiel Zahnschmerzen hast, nur so'n bißchen, dann läufst du doch auch nicht gleich zum Zahnarzt, sondern du nimmst erst einmal eine Tablette, nicht wahr? Das ist doch auch nur Linderung auf Zeit, und dagegen bist du nicht. Richtig wäre es, gleich den Zahn behandeln zu lassen, und wenn man gar keine Zahnschmerzen mehr haben will: Raus mit dem ganzen Krempel. Aber man nimmt erst mal eine Tablette. Zugegeben, die ändert nichts an dem winzigen Loch im Zahn, die verhindert nicht einmal, daß es allmählich größer wird, aber erst einmal verschafft sie dir einen Ausweg. Einverstanden?«

»Das ist schon richtig.«

»Siehst du! Mit dem Hasch ist es nicht viel anders. Ich weiß doch selbst, daß sich nichts ändert, wenn ich high bin. Nachher ist alles genauso verkrampft und verfahren, so blöd und so unanständig wie vorher. Vielleicht wird es mit der Zeit sogar immer schlimmer. Aber ich kann wenigstens zeitweilig sagen: Schluß damit, ich mache Urlaub. Keine schlechte Erfindung, meiner Meinung nach.«

Wir konnten uns in diesem Punkt nicht mehr einigen. Vielleicht lag es zum Teil daran, daß ich gar nicht soviel Ärger hatte wie Thomas. Mit meinen Eltern kam ich gut zurecht, erziehungswütige Schwestern waren nicht da, in der Schule war ich gleichbleibend Mittelmaß, also gab es da auch keinen wesentlichen Ärger – ich fühlte mich eigentlich ganz wohl in meiner Haut, wenn ich auch kräftig mitmeckerte, wenn die Rede auf den ganzen autoritären Kram kam. Der andere Grund, aus dem wir uns nicht einigen konnten, war wohl der, daß ich beim Haschischrauchen niemals so unbeschwert high gewesen war wie Thomas. Bei mir kamen immer wieder diese leichten, manchmal aber auch schon nicht mehr so ganz leichten Angstzustände dazwischen, ein Gefühl von Übelkeit obendrein. Am meisten hatte ich davon gehabt, als wir einmal Hasch nicht geraucht, sondern im Tee getrunken hatten. Aber sonst — ganz angenehm war's mir nie. Ich wurde auch nie völlig die Angst los, es könnte vielleicht doch schädlich sein, und eines Tages würde man vielleicht dann als halb oder ganz Wahnsinniger herumlaufen. Thomas versuchte immer wieder, mir das auszureden, und alles, was ich so las, deutete auch nicht darauf hin, daß meine Angst begründet sein könnte. Trotzdem wurde ich sie nicht völlig los. Immer blieb ein Rest, der genügte, um mir die Sache mehr oder weniger zu verleiden.

Wir kamen viel später als erwartet bei Thomas an, und ich wunderte mich, daß seine Mutter darüber nicht ausführlich lamentierte. Vielleicht hatten die Eltern vereinbart, daß sie auf zart verständnisvoll umschalten wollten oder so etwas. Sie denken sich ja manchmal so ihre Tricks aus, wenn sie etwas erreichen wollen, und allmählich hat sich, glaube ich, bis zu den letzten Eltern herumgesprochen, daß man seine Kinder nicht frustrieren soll. In manchen Fällen sind die Illustrierten gar nicht so schlecht.

Am nächsten Nachmittag saß ich allein zu Hause. Thomas und ich hatten uns nicht verabredet. Das heißt: Ich wollte es, aber Thomas hatte gesagt: »Nein, heute nicht, Michael. Arbeiten können wir doch nicht. Da kommt irgend so ein Familienbesuch.«

Deswegen habe ich mich nicht schlecht gewundert, als meine Mutter mich ans Telefon rief. Frau Dirks war am Apparat und wollte wissen, ob Thomas bei mir sei.

Hätte der Kerl mir doch wenigstens ehrlich gesagt, daß er etwas anderes vorhatte, dann hätte ich ihm selbstverständlich aus der Patsche geholfen, irgendwie. Wahrscheinlich hätte ich gesagt, er sei da. Dann hätte allerdings Frau Dirks verlangen können, daß ich ihn ans Telefon rufe, und dann wäre die nächste Ausrede schon schwieriger gewesen, aber irgend etwas wäre mir eingefallen. Vielleicht hätte ich gesagt, er säße gerade auf der Toilette, und so lange hätte sie dann vielleicht doch nicht gewartet. Aber er hatte nichts gesagt, und ich war von dem Anruf auch so überrascht, daß mir im ersten Augenblick gar nichts anderes als die Wahrheit einfiel.

»Nein, bei mir ist er nicht. Er wollte doch zu Hause bleiben, weil Sie Besuch haben?«

»Wir? Besuch?«

»Nun ja, Familie oder so.«

»Hier ist kein Besuch, und Thomas ist auch nicht hier.«

»Tut mir leid, Frau Dirks, da kann ich Ihnen leider auch nichts sagen.«

Als ich aufgelegt hatte, fiel mir erst wieder ein, daß Thomas sich mit Norbert verabredet hatte. Bei dem war er also, und mir hatte er dieses Theater mit dem Tantenbesuch vorgespielt. Ausgerechnet mich hatte er beschwindelt, weil er wohl auch nicht mehr daran gedacht hatte, daß ich doch von seiner Verabredung wissen mußte.

Sollte er! Wenn er mich nicht dabeihaben wollte — mir sollte es recht sein! Und wenn er mich gar nicht mehr haben wollte, auch gut. Dann eben nicht!

Während ich das überlegte, zog ich schon den Anorak über und rief von der Tür meiner Mutter zu. »In einer Stunde bin ich wieder da!« Dann ging ich zum »Walfisch«, aber da war nichts von Norbert und Thomas zu sehen. Doch ich wußte ja, wo Norbert seine Bude hatte. Es war gar nicht weit, und ein paar Minuten später klingelte ich. Seine Wirtin ließ mich eintreten und sagte: »Sie wissen ja, wo sein Zimmer ist.«

Nur Norbert und Thomas waren da. Sie hatten eine Flasche Rotwein vor sich stehen und saßen beide auf der Couch. Die Flasche war fast leer. Norbert schüttete den Rest in einen Becher und schob ihn mir zu. »Nett, daß du dich auch mal sehen läßt!«

Aber Thomas war ganz anderer Ansicht. »Nett? Wie kommst du eigentlich dazu, mir nachzuspionieren? Wenn ich mit Norbert allein sprechen will, dann habe ich meinen Grund dafür, und dann hast du hier überhaupt nichts zu suchen. Du bist nicht mein Kindermädchen, merk dir das! Die liebe Familie reicht mir völlig, da brauchst du dich nicht auch noch an mich zu klammern wie eine Klette, verstehst du?«

Ich war betroffen und verletzt. »Mensch, Thomas, was ist denn mit dir? Ich dachte . . .«

»Du hast gedacht, du verpaßt etwas, nicht wahr? Du mußt ja immer alles wissen, was mit mir ist. Alles! Begreifst du denn nicht, daß ich auch mal irgend etwas für mich allein haben will?«

Allmählich regte er mich auf. »Nun halt endlich den Mund, ja? Wenn du allein hier sein willst, ist das deine Sache. Das kümmert mich überhaupt nicht. Ich dränge mich nicht auf. Und wenn du willst, dann kümmere ich mich eben gar nicht mehr um Dinge, die etwas mit dir zu tun haben. Mir soll's recht sein. Aber manchmal bist du ja so umwerfend dämlich, daß du wirklich ein Kindermädchen brauchst. Mußt du mir denn unbedingt den Quatsch mit dem Familienbesuch erzählen, und dann ruft deine Mutter bei uns an, weil sie annimmt, wir sitzen brav bei mir und pauken Englisch? Jetzt weiß sie natürlich, daß du nicht bei mir warst. Ich bin gekommen, weil ich dir das sagen wollte, das ist alles. Ich wollte nicht, daß du die falsche Ausrede verwendest, wenn du nach Hause kommst, weil sonst der Krach wieder groß ist. Aber, bitte schön, ich kann's auch bleiben lassen. Mach doch, was du willst, wenn du unbedingt in Schwierigkeiten kommen willst. Ich pfeife drauf. Tschüs!«

Ich trank die drei Schluck Wein aus, dann ging ich und schlug die Tür hinter mir so heftig zu, daß Norberts Wirtin mißbilligend den Kopf schüttelte.

Polizist: Aber Sie sind über die Vorgänge unterrichtet?

Michael: Ich glaube, ich bin über ziemlich alles unterrichtet, was Thomas angeht.

Polizist: Waren Sie selbst in den Fall verwickelt?

Michael: Nein. Das müssen Sie doch beinahe besser wissen als ich.

Ich war schon deswegen nicht in den Fall verwickelt, weil unsere Beziehungen nach dem Zusammentreffen bei Norbert stark abgekühlt waren. Das lag vor allem an mir. Thomas versuchte immer wieder einmal, die Kontakte ein bißchen enger zu knüpfen. Wir waren auch noch Banknachbarn und hielten so mehr oder weniger zusammen, wie es eben üblich ist, mehr nicht. Ich glaube, wir hatten uns beide ganz gut in der Gewalt, und die Klasse merkte kaum, daß wir nicht mehr so dicke Freunde waren wie zuvor. Für die anderen waren wir nach wie vor »Black and White«. Und ich mochte Thomas immer noch. Es war nur nicht mehr wie früher. Wir sagten einander nicht mehr alles. Ich bin ziemlich sicher, daß er nicht einmal richtig mitgekriegt hatte, daß ich jetzt mit Karin aus der neunten Klasse ging. Das kostete mich auch eine ganze Menge Zeit. Karin war vielseitig interessiert und hatte jeden zweiten Nachmittag neue Einfälle, was man unbedingt unternehmen müsse, und ich fand alles herrlich, was sie vorschlug. Ich war ziemlich ausgelastet. Karin hatte ich sogar schon einmal mit nach Hause genommen, und meine Mutter fand sie nett. Mit Monika hätte ich das nicht gewagt. Ich glaube, bei Monika wären meiner Mutter moralische Bedenken gekommen. Unberechtigte übrigens.

So locker waren die Beziehungen zwischen Thomas und mir geworden, daß die Neuigkeit, die plötzlich durch die Schule schwirrte, mich unerwartet wie ein Schlag traf. Ich war darauf nicht gefaßt, und ich hätte noch am selben Morgen jeden ausgelacht, der mir so etwas auch nur angedeutet hätte.

In der großen Pause hatte ich Thomas nicht gesehen, und gleich nach der Pause kam der Direktor in unsere Klasse und wirkte ziemlich aufgeregt. »Ich habe euch eine sehr ernste Mitteilung zu machen«, sagte er. »Ihr seht, daß Thomas Dirks nicht in der Klasse ist. Das hat seinen Grund. Dirks ist soeben von der Polizei festgenommen worden. Er soll etwas getan haben, wovon ich bisher überzeugt war, daß es das an unserer Schule nicht gebe, doch es spricht leider viel dafür, daß die Anschuldigung auf Wahrheit beruht. Ein Schüler unserer Anstalt, und zwar aus der achten Klasse, ein dreizehnjähriger Schüler, hat seinem Vater gemeldet, daß Thomas Dirks ihm gestern Haschisch verkauft hat. Der Vater hat selbstverständlich sofort Anzeige erstattet.«

Alle in der Klasse waren betroffen, und niemand lächelte darüber, daß der Direktor bisher gemeint hatte, an unserer Schule gebe es so etwas nicht. Wir waren ganz froh, daß er nicht besser informiert war.

»Ich weiß nicht, ob euch die juristischen Folgen klar sind«, fuhr er fort. »Es handelt sich bei diesem Weitergeben von Haschisch durchaus nicht um eine harmlose Gefälligkeit, sondern eindeutig um eine Straftat. Nach dem Gesetz gehört Haschisch zu den Rauschmitteln, deren Vertrieb durch das Opiumgesetz geregelt ist. Ein Verstoß gegen dieses Gesetz kann mit Freiheitsentzug bis zur Dauer von drei Jahren bestraft werden. Euer Mitschüler hat sich also durch sein verantwortungsloses Verhalten in eine sehr schwierige Lage gebracht. Wir können heute noch nicht übersehen, welche Folgen er zu tragen haben wird.

Sehen wir davon einmal ab, denn das ist überwiegend sein ganz persönliches Problem, das uns hier nur am Rande zu interessieren braucht, so bleibt doch die Gewissenlosigkeit bemerkenswert, mit der Dirks zu Werke gegangen ist. Ich weiß, Haschisch ist umstritten. Manche halten es nicht für sonderlich gefährlich, andere sehen eine erhebliche Gefahr darin. Wenn nun ein fast Siebzehnjähriger meint, er könne die möglichen Gefahren auf sich nehmen, so halte ich ihn zwar für dumm, doch auch Dummheit ist seine Privatangelegenheit. Wenn er aber diesen Stoff an so junge Mitschüler weitergibt, um sich Einnahmen zu verschaffen, und wenn er diese Kinder damit ebenfalls zum Haschischgebrauch verführt, so kann uns das nicht gleichgültig sein. Die Lehrerkonferenz wird zu beraten haben, welche Maßnahmen die Schule gegen Thomas Dirks ergreifen wird. Ich glaube nicht, daß wir zu einem sehr milden Urteil kommen werden, denn schließlich sind wir nicht nur für die schulische Zukunft von Thomas Dirks verantwortlich, sondern für die Gesundheit und Sicherheit aller Schüler unserer Anstalt. Der Schutz gerade der jüngeren Schüler wird hier zweifellos höher eingeschätzt werden müssen als alles helfende Wohlwollen gegenüber einem älteren Schüler, der in so furchtbarer Weise die Regeln unseres Zusammenlebens verletzt.«

Die Klasse schien sich förmlich zu ducken, und es war jedem klar, daß Thomas mächtig in der Patsche saß. Zugleich wußten wir alle, daß wir ihm im Augenblick gar nicht helfen konnten, und einige dachten wohl auch mit Schrecken daran, daß dieser Fall vielleicht zu einer ausgiebigen Untersuchung des Haschischgebrauchs an unserer Schule führen könnte. Davor hatte inzwischen mehr als einer zu zittern. Die Stimmung war gedrückt. Auf dem Schulhof ging es in der nächsten Pause desto lebhafter zu. Der noch ziemlich kleine Hartmut Drescher aus der Achten sonnte sich in seinem jähen Ruhm. Ihm hatte Thomas den Stoff verkauft.

»Ich wußte erst gar nicht, was er von mir wollte«, erzählte Hartmut. »Ich war am Fahrradständer und bastelte etwas an meinem Rad, da kam er zu mir und fragte, ob ich Hasch haben wollte. Das wäre ein ganz prima Stoff, hat er gesagt, und man müßte das mal probiert haben, wenn man kein kleiner Junge mehr sein wollte. Ich hab's auch genommen, aber man hat doch schon so allerlei gehört, und darum habe ich's dann lieber doch nicht geraucht. Aber am Mittag habe ich's meinem Vater gegeben. Der ist bei der Kripo. Und eben haben sie Thomas abgeholt. Der kriegt bestimmt Knast!«

Ich hätte diesem selbstsicher lächelnden Hartmut die Zähne einschlagen können, aber geholfen hätte das sicher auch nicht.

Es wurde viel beraten und gerätselt. In unserer Klasse war es, als wären alle von dem betroffen, was Thomas geschehen war, als hätten alle die Folgen zu erwarten.

Von manchen wußte, von anderen vermutete ich, daß sie ebenfalls hin und wieder Haschisch geraucht hatten, doch was war das schon? Was hatten sie zu fürchten?

Aber Thomas ...

Daß möglicherweise auch andere allen Grund hatten, sich in ihrer Haut nicht recht wohl zu fühlen, merkte ich, als Friedhelm zu mir kam, erst ein Weilchen herumdruckste, nicht recht mit der Sprache heraus wollte und schließlich doch sagte: »Du, Michael, du kennst doch Thomas am besten von uns. Was meinst du? Hält er dicht? Ich meine, der weiß eine ganze Menge, und wenn er auspackt, dann geht's nicht nur ihm an den Kragen.«

»Was soll er denn auspacken?«

»Meinst du, daß er's tut?«

»Thomas? Nie! Aber was kann er denn schon groß erzählen?«

Friedhelm sah mich mißtrauisch an. »Hast du nun wirklich keine Ahnung, oder tust du nur so? Ihr seid doch dauernd beisammen, da mußt du doch Bescheid wissen!«

»Ich habe keine Ahnung, wovon du sprichst.«

»Aber du weißt doch, daß nicht allein Thomas an unserer Schule mit dem Stoff handelt. Wir beziehen den Kram doch alle vom selben Händler. Und wenn er nun auspackt . . .«

»Tut er nicht, da bin ich sicher. Gehörst du etwa auch dazu?«

»Ja, sicher. Nicht oft, nur hin und wieder, weißt du, wenn die Kohlen nicht mehr stimmen. Dann verkaufe ich eben mal ein paar Gramm und kriege meine Prozente.«

»Gibt's denn immer Abnehmer?«

»Sei doch nicht naiv! Das weißt du doch selber. Ich kann hier absetzen, soviel ich will. Aber ich tu's wirklich nur selten, und an die von der achten Klasse habe ich mich auch noch nie rangemacht. Das war auch blöd von Thomas. Das mußte doch rauskommen. Diese Kinder können doch den Mund nicht halten. Das hat er nun davon.«

Wir standen am Schultor, die anderen waren schon alle fort, und ich lud Friedhelm noch auf eine Cola in die kleine Kneipe gegenüber ein. Wir fanden sogar eine Ecke, in der wir ungestört reden konnten.

»Friedhelm, sei mal ganz ehrlich. Ist das eigentlich sauberer Stoff, den ihr da verkauft?«

Er hob ratlos die Hände. »Woher soll ich das wissen? Ich rauche doch das Zeug gar nicht selbst. Ich habe wirklich keine Ahnung.«

»Aber du mußt doch wenigstens wissen, was du den Leuten andrehst. Man hört soviel davon. Ich meine, da wird immer behauptet, meistens bekomme man gar keinen reinen Stoff, sondern da sei irgend etwas beigemischt.«

»Ich weiß es wirklich nicht, Michael. Aber, sieh mal, mein Vater ist Geschäftsmann. Er lebt vom Handel. Und wenn er sicher sein will, daß er davon auf die Dauer gut leben kann, dann muß er dafür sorgen, daß er möglichst viele Stammkunden hat, die immer wieder kommen und bei ihm kaufen. Das ist doch ganz klar.«

Ich nickte. »Du meinst also, damit er Stammkunden kriegt, muß er gute Ware liefern? Dann ist also mit dem Stoff auch alles in Ordnung?«

Er schüttelte den Kopf und schien jetzt fast ein wenig belustigt zu sein. »Man kann das auch anders sehen, Michael. Wenn ich Stammkunden haben will, kann ich auch dafür sorgen, daß die Leute eben zu mir kommen müssen, ob sie nun wollen oder nicht, verstehst du? Ein Haschhändler, der Stammkunden haben will, muß sich etwas einfallen lassen, damit ihm die Käufer nicht einfach wegbleiben, weil sie plötzlich keinen Spaß mehr an dem Stoff haben.«

»Du meinst . . .« Ich war anscheinend wirklich mächtig naiv, und ich wollte nicht verstehen, was er andeutete, doch er nickte ganz ruhig.

»Klar, das meine ich. Haschisch allein macht nun mal nicht so süchtig, daß man nicht mehr aufhören kann. Wer will, braucht keinen Joint mehr zu kaufen, und dann steht der Händler da mit seinem kostbaren Vorrat. Wenn er aber ein bißchen was beimischt, Opium zum Beispiel, dann können seine Kunden nicht einfach ausbleiben, sie brauchen den Stoff, weil sie süchtig sind, verstehst du? Nicht haschsüchtig, sondern opiumsüchtig. Dann kommen sie bestimmt, weil es nämlich kein Vergnügen sein soll, wenn ein Süchtiger seinen Stoff nicht mehr bekommt.«

»Und du meinst wirklich, daß ihr gemischten Kram verkauft?«

»Wie gesagt, ich weiß es nicht, aber ich bin ziemlich sicher, daß keiner, der für Norbert verteilt, irgendwann einmal sauberen Stoff verkauft hat. Bestimmt ist was drin.«

Ich konnte es noch nicht fassen.

»Aber ihr könnt doch nicht ... Merkt ihr denn gar nicht mehr, was ihr für Schweine seid?«

»Reg dich nicht auf! Die paar Gramm, die ich verkauft habe ... Wenn hier einer ein Schwein ist, dann ist es Thomas. Du hast wohl keine Ahnung, was der in den letzten zwei, drei Wochen für Umsätze gemacht hat, wie?«

Das glaubte ich ihm nicht. Thomas war erwischt worden, gut. Aber bestimmt hatte er nicht unanständig gehandelt. Vielleicht hatte er gerade mal ein Gramm übrig gehabt oder zwei, und nun wollte er sich ein paar Mark verdienen, und er hatte Pech gehabt, daß er ausgerechnet beim erstenmal an den Sohn eines Bullen geraten war. Das war bestimmt alles. Daß er systematisch verkaufte, daß er vielleicht sogar wußte, was Friedhelm andeutete, daß dieser Stoff gepantscht war, damit die Kunden süchtig werden sollten und immer wieder und wieder kaufen müßten ... Nein, das konnte ich erst dann glauben, wenn Thomas selbst es erzählte. Und er würde mir die Wahrheit sagen, ganz gleich, was die Polizei aus ihm herausquetschen konnte. Mir sagte er bestimmt die Wahrheit. Schließlich waren wir doch Freunde. Oder?

An dem Tage habe ich mir vorgenommen, die Finger von dem Kram zu lassen, und ich bin auch dabei geblieben.

Aber ich mußte wissen, was mit Thomas los war. Ich mußte erfahren, ob er wirklich Dealer war, ob er eine Art Handelsgesellschaft mit Norbert gegründet hatte.

Und was sollte jetzt aus Thomas werden? Ob man ihn von der Schule jagte? Ob er eingesperrt wurde? In der ersten Enttäuschung heute mittag wäre es mir fast gleichgültig gewesen. Sollte er doch die Suppe auslöffeln, die er sich eingebrockt hatte! Aber gegen Abend sah ich die Dinge schon wieder ganz anders. Es war mir nicht gleichgültig, was aus Thomas wurde. Vielleicht benahm er sich wirklich nicht so, wie ich mir einen Freund vorstellte. Aber ich war jedenfalls sein Freund, ob es ihm noch recht war oder nicht. Ich wollte wissen, und ich wollte helfen, wenn es eine Möglichkeit dazu gab.

Deshalb bin ich abends zu ihm gegangen. Vielleicht konnten die Eltern oder die Schwestern mir schon etwas sagen. Sicher mußte die Polizei sie doch verständigt haben. Sie konnten doch Thomas nicht einfach dabehalten, ohne daß die Eltern Bescheid wußten. Er war noch nicht einmal siebzehn.

Die älteste Schwester öffnete, als ich läutete, und ich brauchte gar nicht erst zu fragen. Ich sah ihr an, daß sie Bescheid wußte. Und Frau Dirks sah aus, als hätte sie den ganzen Tag nichts anderes getan als geweint, als sie unter die Tür des Wohnzimmers trat, um zu sehen, wer gekommen war.

Sie ging einen Schritt zur Seite und forderte mich so wortlos auf, hineinzukommen. Die ganze Familie saß beisammen. Auch Thomas war da, und er brachte sein berühmtes Lächeln nicht zustande, als er mich sah. Ich hatte ihn im Laufe der Monate in allen möglichen Stimmungen gesehen, ausgelassen und bedrückt, aber immer war er der Thomas geblieben, den ich mochte, weil ich ihn ein wenig bewunderte, weil er viel von dem hatte, was mir meiner Meinung nach fehlte. Aber der dort am Tisch saß wie im Kreise von lauter Richtern, war ganz anders. Er war hilflos, und das war eine Rolle, die nicht zu ihm paßte, die ihn mir fast fremd erscheinen ließ.

Aber so paßte er in den Kreis am Tisch. Alle waren hilflos. Mit den Vorwürfen waren sie längst fertig, es fielen ihnen keine mehr ein. Sie sahen nur immer wieder Thomas an, als erwarteten sie, daß er etwas sagte, etwas zurechtrückte, etwas ungeschehen machte.

Herr Dirks sah mich an wie jemand, der nicht mehr begreift, was um ihn vorgeht. »Eine schöne Geschichte«, sagte er. »Hast du etwa auch . . .«

Er vollendete den Satz nicht, und so konnte ich den Kopf schütteln, ohne zu wissen, ob ich ihn damit anlog oder nicht. Es schien alles ganz selbstverständlich zu sein, daß ich gekommen war, und niemand schien sich darüber zu wundern, daß ich jetzt nur mit ihnen stumm am Tisch saß und keine von den vielen Fragen stellte, die ich mir zurechtgelegt hatte. Ich verfiel in die allgemeine Ratlosigkeit, und wenn ich hin und wieder nicht an Thomas vorbeisah, wenn ich versuchte, wenigstens einen Blick von ihm aufzufangen, spürte ich jene seltsame Mischung von Schmerz und Mitleid, die ich bisher nur einmal erlebt hatte: vor vielen Jahren, als der kleine Hund unseres Hauswirts von einem Auto angefahren worden war, hilflos auf dem Pflaster lag, von Ratlosen umstanden, von denen niemand ihm zu helfen wußte, die alle seiner Qual zusahen und nicht auszusprechen wagten, was sie dachten.

Es hat sehr lange gedauert, aber genauer könnte ich die Zeit nicht angeben, die verstrich, bis Thomas sagte: »Komm, gehen wir in mein Zimmer.«

Ich rechnete fest damit, daß die Eltern widersprechen würden. Sie konnten doch nicht zulassen, daß er sich jetzt mit mir von ihnen zurückzog. Sie mußten doch mißtrauisch sein und denken, er könne mir etwas erzählen, wovon sie noch nichts wußten, könne vielleicht gemeinsam mit mir die Ausreden und Lügen zurechtlegen, die er brauchte, wenn nicht alles noch schlimmer werden sollte. Aber sie sagten nichts, und wir gingen hinaus.

Thomas legte sich auf sein Bett und verschränkte die Hände unter dem Kopf. Ich stand am Fenster und sah auf ihn hinunter. Der Ärger, den ich am Nachmittag aufgespeichert hatte, war verflogen. Für mich war Thomas in diesem Augenblick nur noch ein Freund, der in Schwierigkeiten steckte und dem ich gern helfen wollte, wenn ich auch keinen Weg dazu wußte.

»In eine Klapsmühle wollen sie mich bringen«, sagte er, und ich hörte seiner Stimme an, daß er sich furchtbar anstrengen mußte, um nicht zu weinen.

»Wieso denn das? Du bist doch nicht verrückt.«

»Vater hat schon mit einem Nervenarzt gesprochen. Der behandelt solche Fälle wie mich, sagt er. Es soll eine ganze Menge davon geben. Dabei bin ich überhaupt kein Fall! Das ist doch lächerlich! Ich bin weder verrückt, noch bin ich süchtig. Ich kann mit dem Stoff aufhören, wann ich will, jeden Tag! Es macht mir nichts aus. Kein bißchen! Die können mich doch nicht einfach in eine Heilanstalt stecken!«

»Nun reg dich doch nicht gleich so auf«, versuchte ich ihn zu beschwichtigen. »Es ist doch klar, daß deine Eltern jetzt erst mal mächtig geschockt sind. Das kann man ihnen doch wahrhaftig nicht vorwerfen. Erzähl mir lieber, wie es auf der Polizei gelaufen ist.«

»Gar nicht so schlimm«, sagte er. »Ein endloses Protokoll haben sie aufgenommen. Manchmal können die Bullen viel geschickter sein, als man ihnen zutraut. Ein paarmal hätten sie mich beinahe so weit gehabt, daß ich mich verplapperte, aber ich habe dann immer gerade noch die richtige Kurve gekriegt. Zum Glück hatte ich kein Gramm in den Taschen, als sie mich holten. Also konnte ich ihnen sagen, ich hätte überhaupt noch nie gehandelt, sondern ich hätte nur zufällig so'n bißchen Stoff in die Hand gekriegt und nicht gewußt, was ich selbst damit anfangen sollte. Die haben mir sogar beinahe geglaubt, daß ich gar nicht weiß, daß man Hasch auch rauchen kann.«

»Hast du ihnen gesagt, woher du den Stoff hattest?«

»Klar. Von einem Kerl, den ich mal gesehen habe, den ich aber nicht genauer kenne. Ich weiß nicht mal, wie er heißt. Ist doch klar. Meinst du, ein paar Bullen kriegen mich zum Singen, wenn ich nicht will?« Das klang schon wieder nach dem alten Thomas. Er wurde zusehends selbstsicherer, und fast schien sich etwas wie Entrüstung in ihm anzusammeln, daß man ihm — ausgerechnet ihm! — irgendwelche Vorwürfe hatte machen wollen.

»Friedhelm macht sich große Sorgen«, berichtete ich.

»Braucht er aber nicht. Kannst du ihm ruhig sagen.«

»Warum soll ich ihm das sagen? Kommst du denn nicht selbst zur Schule?«

Er wurde wieder unsicherer. »Weiß ich noch nicht. Der Chef hat meinen Vater angerufen und gesagt, ich solle einstweilen zu Hause bleiben. Morgen wolle die Lehrerkonferenz beraten, dann werde uns die Entscheidung mitgeteilt.«

»Und wenn sie dich nun feuern?«

Er winkte ab. »Und wenn schon! Meinst du, ich bin auf die dämliche Penne angewiesen? Dann gehe ich eben auf eine andere, und wenn keine mich mehr haben will, auch gut! Dann höre ich eben auf. Mir stinkt der Laden sowieso. Die mit ihren Prüfungen und Zensuren und Arbeiten und lauter Fächern, die mich gar nichts angehen! Wozu eigentlich der ganze Kram?«

»Na, weißt du, so ohne Abi ist das heutzutage auch nicht mehr das Richtige.«

»Das reden sie uns doch alles nur ein. Wer wirklich was kann, der setzt sich auch ohne Abi durch. Und wozu eigentlich durchsetzen? Irgendwie schlägt man sich immer durch.«

Ich wurde an diesem Abend nicht schlau aus ihm. Einmal hatte ich Mitleid mit ihm, dann kam er mir kindlich dickköpfig vor, manchmal auch dumm.

»Sag mal, Thomas, warum hast du mich eigentlich nicht merken lassen, daß du gehandelt hast? Wir hatten doch sonst auch keine Geheimnisse.«

Er sah mich an, und ich hatte das Gefühl, er meinte ehrlich, was er sagte: »Ich wollte dich da nicht mit hineinziehen, Michael. Du bist ja doch anders als ich. Du bist gewissenhaft, oder wie man da sagen soll. Du machst dir über so etwas viel zuviel Gedanken. Für dich wäre das nichts, wirklich nicht! Gib's doch zu, du hättest es doch höchstens für eine bodenlose Schweinerei gehalten, den Stoff weiterzugeben.«

»Und du nicht?«

»Doch, eigentlich ja. Das heißt, andererseits auch wieder nicht. Schließlich wollen die Kerle doch den Stoff haben. Sie reißen sich darum. Man kann kaum so viel ranschaffen, wie sie von einem verlangen. Man tut ihnen nur einen Gefallen damit. Was soll daran eine Schweinerei sein? Edel sei der Mensch, hilfreich und gut.« Sein Lächeln gefiel mir nicht.

»Friedhelm meint aber, es sei Opium drin«, wandte ich ein.

»Na und? Ich hab's nicht reingetan. Kann sein, kann auch nicht sein, ich weiß es nicht.«

»Und dann gibst du's ausgerechnet an kleine Kinder?«

»Zugegeben, das war ein Fehler. Ich meine nicht nur, weil sie mich dadurch geschnappt haben. Für so einen aus der Achten ist es wahrscheinlich wirklich noch zu früh. Aber was soll man machen? Ich mußte am Nachmittag zahlen, und ich hatte das Geld nicht beisammen für den neuen Stoff, den ich auf Bestellung liefern sollte.«

Ein Weilchen schwieg er, und dann wurde er plötzlich so böse, wie ich ihn kaum je gesehen hatte. »Meinst du vielleicht, es hat mir Spaß gemacht? Ich mache mir auch nicht weniger Gedanken als du, das bilde dir nur ja nicht ein. Aber schließlich braucht man ja hin und wieder auch mal ein paar Pfennig in der Tasche. Wenn meine Eltern mir nicht seit einer Ewigkeit das Taschengeld gesperrt hätten, dann wäre ich überhaupt nicht auf den Gedanken gekommen, Norbert ein bißchen beim Vertrieb zu helfen. Aber was blieb mir denn sonst übrig? Irgendwoher mußte das Geld kommen, und du hättest mir ja doch nichts mehr gepumpt.« Er sah mich so feindselig an, als sei ich der Schuldige an seinen Schwierigkeiten.

»Nee, hätte ich tatsächlich nicht.«

»Siehst du!«

Es war nicht mit ihm zu reden. Wie es nun weitergehen sollte, wußte er nicht. Die Polizei habe gesagt, er werde von ihnen hören, das Jugendamt habe ihn für morgen vorgeladen, der Vater habe ihn bei diesem Medizinmann angemeldet, denn er habe sich erstaunlicherweise nichts vormachen lassen und mehr herausgekriegt als die Polizei. Er wisse jetzt, daß Thomas ziemlich viel gehascht habe, und er sei ebenso entsetzt wie die Mutter und die beiden Schwestern. Es sei alles noch ziemlich verworren, aber er werde schon sehen, wie er sich da wieder herauswursteln könne. Kleinkriegen lasse er sich jedenfalls nicht, und schließlich habe er auch noch Freunde, die jederzeit bereit seien, ihm zu helfen. Dabei sah er mich so an, daß mir gar nicht erst der Gedanke kommen konnte, er meine mich damit. Ich ging noch ratloser, als ich gekommen war.

Polizist: Haben Sie sich denn wenigstens nach diesen Vor-
fällen von ihm zurückgezogen?
Michael: Umgekehrt. Er sich von mir.

Man hätte lernen können, an Wunder zu glauben! Tatsächlich: Es sah in den nächsten Tagen fast so aus, als sollte alles
sich wieder einrenken.
Überraschend war für uns alle der Beschluß des Lehrerkolle-
giums. Kaum einer hätte noch eine einzige Cola darauf ge-
wettet, daß Thomas an unserer Schule bleiben dürfe. Tatsächlich wurde er lediglich zum Direktor gerufen, der sich
lange mit ihm unterhielt und ihm die Verweisung von der
Schule androhte, falls ähnliche Vorfälle sich wiederholten. Das
stand auch in einem Brief, den seine Eltern bekamen. Noch
glimpflicher konnte es nicht für ihn ausgehen.
Niemand wußte Genaues, aber es sickerte durch, in der Konferenz habe sich vor allem unser Deutschlehrer für ihn einge-
setzt, und er sei ausgerechnet von Kröger nachdrücklich un-
terstützt worden. Wirklich schien es auch, als bemühte Kröger sich in den nächsten Tagen besonders um Thomas, der
alles in einer Art Gleichgültigkeit über sich ergehen ließ, als
kümmerte es ihn durchaus nicht, wie die Schule mit ihm ver-
fuhr.
Auch von einer Gefängnisstrafe war nicht mehr die Rede.
Vielmehr hatte es den Anschein, als sollte es nicht einmal zu
einer Gerichtsverhandlung kommen.
Man hatte wohl anerkennend zur Kenntnis genommen, daß
Herr Dirks Thomas zu einer Behandlung beim Nervenarzt
angemeldet hatte, und wollte in diese Therapie nicht durch
Gerichtsverfahren und Strafe eingreifen. Außerdem hatte das
Jugendamt über die häuslichen Verhältnisse und die Mög-
lichkeit einer positiven erzieherischen Beeinflussung ein sehr
günstiges Gutachten abgegeben.
Der Ausgang dieses Falles war für Thomas maßgeschneidert.
Es paßte zu ihm, daß er selbst aus den verfahrensten Situa-
tionen unbeschädigt hervorging.
Eine Änderung war aber doch unverkennbar: Thomas war

nicht mehr der Mittelpunkt der Klasse, um den sich alles drehte. Er wurde von den meisten nicht gerade sichtlich gemieden, doch war eine Zurückhaltung spürbar, die für Thomas sehr ungewohnt sein mußte. Es gab auch keinen Widerspruch, als er gleich am ersten Tag, den er wieder unter uns war, seinen Rücktritt als Klassensprecher erklärte. Kein einziger widersprach, auch ich nicht. Man wählte einen neuen und ging zur Tagesordnung über, als wäre dieser Vorgang selbstverständlich.

Für Thomas konnte er es nicht sein. Ich war überzeugt, daß er seinen Rücktritt nur angeboten hatte, damit man ihn überreden werde, er solle sein Amt behalten. Es mußte ihn schwer getroffen haben, daß die anderen es anscheinend gut und richtig fanden, daß er nicht mehr unser Sprecher sein wollte.

In den nächsten Tagen war Thomas jedenfalls auffallend still. Er redete kaum noch mit einem aus unserer Klasse. Nur zwischen uns beiden gab es noch Gespräche. Das ließ sich auch kaum vermeiden, da wir nun einmal Banknachbarn waren. Wir gingen auch noch gemeinsam nach Schulschluß nach Hause, doch wir trafen uns nicht mehr an den Nachmittagen, gingen nicht aus und erledigten die Hausaufgaben nicht mehr gemeinsam. Ich glaube, in diesen Tagen ging Thomas überhaupt nicht aus, sondern er saß in seinem Zimmer und arbeitete. Vielleicht hatte er ein paar gute Vorsätze gefaßt, ich weiß es nicht.

Es blieb auch nicht genug Zeit, um herauszufinden, ob es sich nur um ein Strohfeuer handelte, eine Schockwirkung sozusagen. Nach drei Tagen erzählte mir Thomas, vom nächsten Morgen an komme er für vierzehn Tage nicht mehr zur Schule. Der Nervenarzt bestehe darauf, daß er mindestens zwei Wochen zur eingehenden Beobachtung und Behandlung in dessen Klinik komme. Den anderen hatte er davon nichts gesagt, und es versöhnte mich wieder ein bißchen, daß er es wenigstens mir anvertraute. Anscheinend hatte er unsere Freundschaft doch noch nicht ganz abgeschrieben.

Polizist: Wollte er nichts mehr mit Ihnen zu tun haben?

Michael: Doch, das schon. Aber er war dann ja erst einmal fort in diesem Entziehungsheim, oder wie man das nennen soll.

Am Mittwoch war Thomas in die Klinik gegangen, am Sonnabend schrieb er diesen Brief:

»Lieber Michael,

falls die Mediziner hier wirklich ihr Handwerk gelernt haben sollten, dann verbergen sie es jedenfalls geschickt. Du kannst dir einen solchen albernen Laden nicht vorstellen! Die Hälfte der Bevölkerung läuft in weißen Kitteln rum, die andere Hälfte besteht aus uns. Jedenfalls in unserer Abteilung. Sechzehn sind wir, davon ist einer erst zwölf Jahre alt, die anderen sind zwischen fünfzehn und zweiundzwanzig. Ein paar dufte Typen dabei. Und die Leute, die sich hier Ärzte nennen, sind hauptsächlich damit beschäftigt, uns ermutigend zuzulächeln, uns in Gespräche zu verwickeln, sich nach den Wehwehchen unserer Anverwandten zu erkundigen, irgend etwas zu notieren und dann wieder zu lächeln, als wären sie high, wenn auch nicht zu sehr.

Der Obermedizinmann hat mir etwas von Sucht erzählt, und ich habe ihm erklärt, das könne er sich sparen, denn ich sei nicht süchtig und mir sei unklar, wozu ich überhaupt hier sei. ›Ich weiß, mein Junge, ich weiß‹, hatte er gesagt und mich dabei angesehen, als wäre ich weggetreten und als wäre noch nicht klar, ob ich nicht vielleicht gewalttätig werden könnte. Entweder halten die mich hier wirklich für süchtig, oder sie haben die falschen Papiere erwischt und denken, ich gehöre zu den Irren.

Ein paar sind in der Gruppe, bei denen könnte man's ja wirklich annehmen. Vor allem einer, der ist heute erst gekommen. Ein Fixer, der ganz schön Heroin gespritzt hat. Die Unterarme sind zerstochen wie ein Sieb, und er sieht aus, als könnte man ihn umpusten. Jetzt fehlt ihm sein Stoff, und es bringt einen fast um, wenn man zusehen muß, wie der arme Kerl sich quält. Er hat so schreckliche Magenschmerzen, daß

83

er sich krümmt, er meint dauernd, er müsse sich übergeben, aber da ist nichts im Magen. Er sieht uns manchmal gar nicht, und mit seiner Leber soll was nicht in Ordnung sein. Vorhin ist er weiß geworden wie das Bettuch, und plötzlich war sein Gesicht naß vor Schweiß, und geschrien hat er. Aber dann ist auch bloß ein Medizinmann gekommen und hat auf ihn eingeredet. Der Fixer hat gebettelt wie ein kleines Kind, man solle ihm doch wenigstens einen Schuß geben, aber davon kann hier nicht die Rede sein. Die sehen seelenruhig zu, wie einer sich fast zu Tode quält. Ich habe den Verdacht, es ist ihnen sogar ganz lieb, daß der Fixer gekommen ist. Als abschreckendes Beispiel für uns andere. Dabei brauchen wir es wahrhaftig nicht. Die meisten haben ganz harmlos ein bißchen gehascht, ein Kokser ist auch dabei, die meisten haben LSD genommen, zwei oder drei auch Morphium oder Heroin, aber noch nicht so wild. Richtig süchtig ist keiner. Aber man versucht immer wieder, es uns einzureden. Reden ist überhaupt das einzige, was sie wirklich können, aber ich lasse mich nicht einwickeln. Ich diskutiere. Diese Heinis halten uns alle für ziemlich dämlich, und sie ziehen ganz verwunderte Gesichter, wenn einer wirklich antwortet und ihnen zeigt, daß er auch nicht dümmer ist als sie. ›Sie sind doch intelligent‹, hat mir vorhin ein ganz junger gesagt, ein Assistenzarzt oder so was. ›Sie müssen doch einsehen, daß Sie durch diese Drogen für unsere Gesellschaft ungeeignet, daß Sie eine Belastung werden. Sie werden sich nicht mehr einfügen können, und wie soll dann Ihr künftiges Leben aussehen?‹

Den hab ich ganz schön ausgelacht. ›Und wer sagt Ihnen, daß ich mich in Ihre Scheißgesellschaft überhaupt einfügen will?‹ habe ich ihn gefragt. ›Meinen Sie wirklich, daß es lohnt? Meinen Sie, ich will auch so ein Kerlchen werden, das im weißen Kittel rumläuft und anderen Leuten auf die Nerven fällt, weil er dafür sein bißchen Gehalt kriegt und sich 'nen Wagen leisten kann? Ich pfeife nämlich auf Ihre sogenannte Gesellschaft, müssen Sie wissen. Sie kann mir gestohlen bleiben. Was habe ich denn davon? Diese ganze Gesellschaft will mir doch nur dauernd Vorschriften machen: Tu das, laß jenes, wenn du das nicht tust, dann ... Du mußt dich so und so verhalten, damit ... Ich habe den Kram satt, verstehen Sie?‹

Er hat darauf nichts sagen können, hat nur etwas in sein Notizbuch gekritzelt, dann ist er weitergegangen, und ich habe gesehen, daß er den Kopf geschüttelt hat. Die kapieren uns doch überhaupt nicht. Keine Ahnung haben sie von uns. Und die bilden sich ein, sie könnten uns hier beeinflussen! Man könnte lachen, wenn es nicht zum Heulen wäre!

Gestern abend waren sie alle aufgeregt wie ein Ameisenhaufen, in dem einer mit einem Stock rumstochert. Einer von den Fünfzehnjährigen war völlig ausgeflippt. Weiß der Kuckuck, woher er hier Acid bekommen hat. Jedenfalls war er vollgepumpt, wie ich noch keinen gesehen habe. Das war der Kleine, der nachts im Schlaf spricht, aber man kann ihn nicht richtig verstehen.

Gestern nachmittag kam der mir schon komisch vor. Da hat er sich im Park neben mich gesetzt, was sollte er auch anderes tun, hier langweilt man sich ja zu Tode, und hat mir erzählt: ›Du, Thomas, ich sage dir was, aber du mußt es mir glauben. Auslachen darfst du mich nicht!‹

›Ist gut, Kleiner, ich lache nicht‹, habe ich ihm versprochen, und er hat gelächelt, als hätte ich ihm ein Spielzeug zu Weihnachten geschenkt. Dann ist er näher gerückt, daß er mit dem Mund dicht an meinem Ohr war, und hat geflüstert:

›Die anderen brauchen's nämlich nicht zu wissen. Das geht die gar nichts an! Es ist nämlich ein Geheimnis, und wenn die das wissen, dann werden sie bloß neidisch. Stell dir vor: Ich kann fliegen! Nein, fliegen nicht richtig; aber schweben, weißt du? Ich brauche nur einen Sprung zu machen, und dann bleibe ich über dem Boden, brauche nicht mehr zu landen, brauche keinen Fuß mehr auf die Erde zu setzen. Ich wiege gar nichts mehr, wenn ich nicht will. Wie ein Raumfahrer, weißt du? Ist das nicht toll?‹

›Ja, toll! Mach's mir doch mal vor!‹

Aber das wollte er nicht. ›Nein, vormachen nicht. Dann sehen es ja alle, und dann ist es kein Geheimnis mehr. Und dann kommt bestimmt gleich einer und packt meine Beine und zieht mich wieder zurück, daß ich doch mit den Füßen auf die Erde muß, und dann ist es vielleicht vorbei, dann verliere ich es vielleicht und bin wieder so wie alle andern. Dann gehöre ich wieder zu ihnen, weißt du, und das will ich nicht. Ich will die alle nicht mehr sehen, das mußt du doch begreifen.‹

Ich glaube, der ist ziemlich durchgedreht, aber ich glaube nicht, daß es wirklich von irgendwelchen Drogen kommt. Manche spinnen eben, ob sie nun etwas rauchen, schlucken, spritzen oder nicht. Das hat es immer schon gegeben. Aber wenn jetzt einer ein bißchen wirr im Kopf ist, dann schieben sie alles gleich auf Haschisch und so, damit sie uns anderen Angst machen können.

Ich sage dir: Eigentlich sind sie nur neidisch. Sie gönnen uns nicht, daß wir Urlaub nehmen aus diesem blöden Verein, wann es uns paßt. Sie haben etwas dagegen, daß wir uns ihrer Kontrolle entziehen können, wann wir wollen. Das gehört sich nicht, das paßt nicht in ihren Kram. Sie können uns dann nicht mehr so beherrschen, wie sie es gern wollen. Und dabei spielen sie so besorgt!

Meine Eltern zum Beispiel.

Gestern nachmittag waren sie hier und wollten mich besuchen. Der Chef hatte auch nichts dagegen, aber ich habe ihnen sagen lassen, sie sollten lieber wieder gehen. Wenn ich sie sähe, würde ich doch nur rückfällig. Sie sind auch wirklich wieder gegangen. Das könnte denen so passen, hier rührende Fürsorgeszenen und Familienleben zu mimen! Mit mir nicht! Was wollen sie schon? Daß ich mich anpasse, daß ich wieder der liebe kleine Junge bin, daß ich kusche, wenn sie mit dem Finger winken? Die Zeiten sind vorbei!

Ich weiß wirklich nicht, wie ich diesen Idiotenkram hier vierzehn Tage aushalten soll. Es liegt nicht an den anderen Jungs, die sind wirklich ganz in Ordnung. Aber diese weißen Scheiche mit ihren besorgten Mienen ... Und dabei heucheln sie bloß. Wir sind ihnen doch völlig schnuppe. Sie haben ihren Job.

Der Fixer schreit. Hast du mal eine Katze schreien hören? Nicht wenn sie mit 'nem Kater flirtet, sondern wenn sie wirklich verletzt ist, schwer verletzt? So schreit der Fixer. Und das soll ein Mensch aushalten. Einer von den Medizinmännern geht dann zu ihm und hält Händchen. Und das wollen Menschen sein! Sollen sie ihm doch seine Spritze geben, wenn er sie braucht. Das wäre menschlich, nicht dieses fürsorgliche Getue, mit dem sie ihn doch nur quälen!

Ich möchte wirklich wissen, was meine Eltern sich dabei denken, daß sie mich hier sitzenlassen, als hätte ich durchgedreht! Mit dem Taschengeldentzug hat's nicht geklappt, auf Hausarrest pfeife ich, andere Mittel haben sie nicht mehr gegen mich, also haben sie sich diese neue Strafe ausgedacht. Pfui Teufel! Die lieben Eltern!

Mensch, sag mal, Michael, muß es eigentlich so sein, daß wir eines Tages auch so werden? Auch solche Spießer, solche krummrückgratigen Geldverdiener, solche Titeljäger, solche Schlangenmenschen, die dauernd versuchen, sich überall durchzuwinden, ohne anzuecken? Es gibt doch in unserem Alter wirklich ein paar ganz vernünftige Kerle. Wo bleiben die eigentlich? Werden die nicht erwachsen? Oder ist man nur ein richtiger Mensch, solange man jung ist? Entwickelt man sich dann langsam zu einem solchen widerlichen Geschöpf zurück, von denen es auf der Erde nur so wimmelt?

Manchmal bewundere ich dich, Michael. Ich begreife nicht, daß dich das alles nicht ebenso ankotzt wie mich. Woran kann das liegen?

Bin gespannt, was sie hier noch alles mit mir vorhaben. Ich lasse mich nicht einwickeln. Klein kriegen die mich hier nicht. Ich winsele nicht. Für mich sind das eben vierzehn Tage zusätzliche Ferien. Und sonst können sie mir den Buckel runterrutschen. Von süchtig kann bei mir nicht die Rede sein, das sage ich nicht nur so, das weiß ich. Aber ich möchte jetzt doch ganz gern ein Gramm Haschisch hier haben. Oder wenigstens ein bißchen Marihuana. Nur so zur

Abwechslung, und damit die Weißkittel merken, daß sie mich am ... Aber das tun sie ja doch nicht.

Bis bald, Michael! Wenn du Norbert siehst, grüß ihn von mir.

Dein Thomas«

Polizist: Und in dieser Zeit haben Sie keinerlei Kontakt mit ihm gehabt?
Michael: Doch, er hat mir einmal geschrieben.
Polizist: Hat er Ihnen dabei etwas über seine Absichten mitgeteilt?
Michael: Nein. Ich wußte nicht, was er vorhatte.
Polizist: Aber Sie haben es wohl bald erfahren?
Michael: Ja.

Ich erfuhr es an einem frühen Nachmittag, als ich eben aus der Schule gekommen war, ein wenig später als sonst. Meine Eltern hatten schon gegessen, und ich aß gerade ein bißchen was in der Küche, als das Telefon läutete und meine Mutter mich rief. »Es ist für dich, Michael!«

Ich meldete mich mit noch vollem Munde, und zuerst erkannte ich die Stimme am anderen Ende der Leitung nicht, die mich fragte: »Michael, wissen Sie, wo Thomas ist?«

»Ja, sicher«, gab ich zurück und schluckte. »Der ist doch in dieser Klapsmühle, in die seine Eltern ihn gesteckt haben. Aber wer ist dort eigentlich?«

»Hier spricht Frau Dirks.«

Ich erschrak. Das mit der Klapsmühle und mit den Eltern hätte ich wirklich lieber nicht sagen sollen. Aber das ließ sich nun nicht mehr ändern, und immerhin wußte Frau Dirks jetzt, was ich von der ganzen Sache hielt, die sie Thomas da eingebrockt hatten.

»Thomas ist nicht mehr in der Klinik«, sagte sie.

»Das kann aber nicht sein«, widersprach ich. »Erst vorgestern habe ich einen Brief von ihm bekommen, da hat er mir noch ganz genau geschildert, wie es dort zugeht.«

»Aber heute ist er nicht mehr dort. Vor zwei Stunden hat uns

der leitende Arzt angerufen. Er ist verschwunden. Und weil
Sie doch mit ihm befreundet sind und immer mit ihm zusammen waren, dachte ich . . .«

»Nein, bei mir hat er sich noch nicht gemeldet, Frau Dirks«,
versicherte ich. Die Nachricht, daß er sich aus dem Staub gemacht hatte, überraschte mich nicht sonderlich.

»Was hat er Ihnen denn geschrieben?«

»Ach, das ist ein langer Brief, wissen Sie«, antwortete ich
ausweichend, und Frau Dirks hörte daraus wohl, daß ich ihr
mehr nicht sagen wollte.

»Michael, können Sie nicht gleich einmal zu uns kommen? Es
läge mir wirklich sehr viel daran, mit Ihnen zu sprechen.«

»Tja, ich weiß nicht recht«, antwortete ich unentschlossen.
»Ich glaube kaum, daß ich Ihnen viel helfen kann, Frau
Dirks.«

»Michael, Sie sind doch sein Freund!«

»Ja, das bin ich wohl, nehme ich an.«

»Dann bitte ich Sie: kommen Sie her! Können Sie sich denn
nicht vorstellen, wie wir uns ängstigen? Und wenn wir miteinander sprechen . . . Vielleicht finden wir irgendeinen Hin-
weis, irgendeinen Fingerzeig, damit wir wissen, wo wir ihn
suchen können.«

Es klang so verängstigt und besorgt, daß ich mich nicht gut
weigern konnte, und so stimmte ich zu, aß schnell noch meinen Teller leer und ging zu ihr.

Sobald ich sie sah, wußte ich, daß ich alles tun würde, um
ihr zu helfen. Ich hatte sie noch nie leiden mögen, und ich
fand, wenn Thomas ausbrach, dann war sie zu einem nicht
geringen Teil schuld daran mit ihrem Ehrgeiz, mit ihrem un-
aufhörlichen Drängen, mit ihren unausgesetzten Ansprüchen,
die Thomas quälten, vor denen er sich verbergen wollte.
Weil ich Thomas mochte, konnte ich seine Mutter nicht leiden. Zumindest bisher nicht. Aber jetzt war sie völlig verändert. Ihre Sorge um Thomas war ihr nur zu deutlich anzusehen. Sie war verzweifelt und gab sich keine Mühe, die Haltung zu bewahren, die sie sonst für unerläßlich hielt.

»Michael, du mußt uns helfen!«

Zum erstenmal duzte sie mich. Es überraschte mich ein wenig, und zugleich fand ich, daß es sie menschlicher wirken ließ.

»Ich weiß wirklich nicht, ob ich das kann.«

»Man hat uns gesagt, daß er gestern abend fortgelaufen sein muß. Das war nicht schwierig. Schließlich war er in keiner geschlossenen Anstalt. Es war eine private Klinik, die nach der Art ihrer Patienten keine Ursache hat, umfangreiche Vorkehrungen gegen eine mögliche Flucht zu treffen. Sie haben erst heute früh entdeckt, daß er nicht mehr da ist, und sie haben uns sofort verständigt.«

»Dann wird er jetzt gesucht?«

»Ja, sicher suchen wir ihn.«

»Von der Polizei, meine ich.«

»Von der Polizei? Aber nein, die Polizei weiß davon nichts. Wir müssen sie doch nach Möglichkeit aus dem Spiel lassen.«

»Weil Sie einen Skandal vermeiden möchten?«

Erst sah sie mich an, als verstünde sie mich nicht. Dann schien ihr allmählich zu dämmern, was ich meinte, und sie schüttelte entschieden den Kopf. »Aber nein, Michael! Was denkst du denn von uns? Ob es einen Skandal gäbe oder nicht, was die Leute reden würden oder nicht, das ist doch jetzt völlig gleichgültig! Es geht um Thomas, begreifst du das nicht? Wir müssen doch vermeiden, daß er sich noch tiefer in sein Unglück verrennt. Wenn er dort fortgelaufen ist und nicht nach Hause kommt — in welchen Kreisen wird er dann verkehren? Und das Verfahren wegen der Sache mit dem Kleinen aus der achten Klasse ist auch noch nicht eingestellt. Wenn das jetzt dazukommt ... Du weißt doch so gut wie ich: Thomas ist nicht schlecht. Ganz im Gegenteil. Ein guter Junge ist er. Aber er kommt doch jetzt auf eine Bahn, auf die er gar nicht gehört. Es geht doch dann nur noch bergab, und von einem gewissen Punkt an läßt sich das nicht mehr aufhalten. Davor wollen wir ihn bewahren, und das mußt du doch auch wollen, wenn du sein Freund bist.«

Sie meinte es bestimmt ehrlich und dachte nicht an den guten

Ruf der Familie und solchen Kram. Sie hätte in diesem Augenblick sicher gern darauf verzichtet, daß Herr Dirks jemals zum Amtmann befördert würde, wenn sie Thomas nur wiederbekommen könnte. Mit meinem bisherigen Urteil über sie stimmte das kaum überein.

»Sie haben ja recht, und ich möchte Ihnen gern helfen und vor allem Thomas, aber wie soll ich das? Ich weiß nicht, wo er sein könnte. Wenn er sich bei mir meldet, werde ich ihm beim Kragen nehmen und herschleifen, wenn Sie es verlangen. Ob ich das schaffe, weiß ich nicht; vielleicht ist er stärker als ich. Aber jedenfalls werde ich mit ihm reden, und ich werde Ihnen auch Bescheid geben, sobald ich etwas hören oder sehen sollte.«

»Hoffentlich hörst du etwas.«

Und plötzlich schwang in ihren Worten eine ganz neue Angst, die mich erst stutzen ließ. Dann brauchte ich ziemlich lange, bis ganz durchsickerte, was sie meinte, so als hätte ich zwischen Ohren und Hirn ein feines Sieb. Aber dann begriff ich.

»Frau Dirks, Sie meinen doch nicht etwa, Thomas könnte ... Nein, das ist ausgeschlossen! Sie kennen Thomas doch viel besser als ich. Er würde das niemals tun! Der hat sich nichts angetan. Nicht Thomas! Das paßt doch überhaupt nicht zu ihm, und das wissen Sie!«

Frau Dirks sah mich unsicher an. »Paßt es zu ihm, daß er Kindern Drogen verkauft?«

»Nein, auch nicht. Aber das ist doch nicht dasselbe. Was Sie fürchten, ist ganz bestimmt unmöglich.«

Aber ich war doch tief beunruhigt, als ich mich verabschiedet hatte und nach Hause ging.

Thomas, der Mittelpunkt. Thomas, dem alles gelang, der überall beliebt war, der immer in der ersten Reihe stand, den alle mochten, dem alle ein bißchen nacheiferten, den sie zu einer Art Idealfigur gemacht hatten ... Und das alles hatte sich in den letzten Tagen verändert. Ob er es gewollt hatte oder nicht – eine Spur Eitelkeit mußte sich doch in ihm entwickelt haben, und die mußte jetzt verletzt sein, vielleicht auch zerstört. War ihm dann nicht auch zuzutrauen, daß er an allem keinen Spaß mehr hatte, daß er bereit war . . .

Nein, das war Unsinn. Dazu war er zu verspielt, zu wenig ernsthaft, obwohl er keineswegs oberflächlich war. Daß er mit Hasch gehandelt hatte, war eine seiner flinken Dummheiten gewesen, eher getan als gedacht, eine Dummheit, die noch die Möglichkeit des Rückzugs oder eines Auswegs ließ. Aber von einem Selbstmord gibt es keinen Rückzug, da gibt es kein Hintertürchen, aus dem man im letzten Augenblick noch herausschlüpfen kann. Das tat man nicht, ohne sorgfältig nachzudenken, und wenn man nachdachte und so war wie Thomas, dann tat man es erst recht nicht. Ausgeschlossen!

Und von einem Augenblick zum anderen verstand ich nicht mehr, warum ich so ratlos gewesen war, warum ich mir Sorgen gemacht hatte. Wenn ich Thomas sprechen wollte, kannte ich den Weg. Ein Augenblick ruhiger Überlegung genügte, dann konnte es kaum noch einen Zweifel geben, wohin er gegangen war.

Ich machte entschlossen kehrt und ging ein wenig schneller in die entgegengesetzte Richtung.

»Ach, Sie sind's«, sagte Norberts Wirtin, und es klang nicht sehr freundlich, sondern eher so, als wären ihr alle Besucher ihres Untermieters höchst unwillkommen. »Gehen Sie man rein, er ist da.«

Das hätte ich auch gewußt, wenn sie es mir nicht bestätigt hätte, denn aus Norberts Zimmer drang ziemlich laute Musik. Darum versuchte ich auch gar nicht erst, mich durch Anklopfen bemerkbar zu machen, sondern ich trat gleich ein. Als ich die Tür öffnete, fuhr Thomas so erschrocken herum, als säße er in einer Falle, aus der er keinen Ausweg mehr finden könnte. »Michael«, sagte er, und es klang erleichtert. Dann lachte er leise, als machte er sich über seinen eigenen Schrecken lustig. »Dann ist's ja gut.«

»Gar nichts ist gut«, herrschte Norbert ihn an. »Wenn Michael auf den Gedanken gekommen ist, dich hier zu suchen, dann können andere auch darauf kommen. Und meinst du vielleicht, ich will in zwei, drei Tagen die Bullen hier rumschnüffeln haben, weil du dir in den Kopf gesetzt hast, dich ausgerechnet bei mir zu verstecken?«

»Red keinen Unsinn, Norbert«, entgegnete Thomas mit der kühlen Überlegenheit, die ich so gut an ihm kannte und anfangs bewundert hatte. »Daß Michael darauf kommen mußte, ist doch klar. Schließlich ist er oft genug mit mir hier gewesen, und außerdem weiß er, von wem ich den Stoff hatte, den ich weitergereicht habe. Aber sonst weiß es keiner.«

»Doch, Friedhelm weiß soviel wie ich«, wandte ich ein.

Thomas winkte ab. »Der sitzt doch viel dicker in der Tinte als ich, wenn er nicht den Schnabel hält.«

»Aber ich lasse mir das nicht gefallen«, begehrte Norbert auf. »Ich bin nicht gegen jedes Risiko. Risiko gehört zum Geschäft, wenn man etwas verdienen will. Aber man muß dabei auch vernünftig bleiben, sonst geht die Sache schief. Für mich bedeutest du jedenfalls ein zu großes Risiko, wenn ich dich hier aufnehme. Ich finde, du müßtest das eigentlich einsehen. Ihr Gymnasiasten habt doch sonst auch immer die Weisheit mit Löffeln gefressen.«

»Krieg keine Komplexe, Norbert, du bist schließlich auch kein Dummkopf«, gab Thomas zurück. »Und genau deshalb mußt du begreifen, daß ich kein großes Risiko für dich bin, solange ich mich hier aufhalte. Aber wenn du mich nicht hier haben willst, dann könnten die Bullen mich ja noch einmal in die Mangel nehmen, nicht wahr?«

Norbert wurde nachdenklich, Thomas beobachtete ihn ein Weilchen und fragte dann fast beiläufig: »Kannst du mir eigentlich sagen, wieviel Gramm ein Kilo hat, Norbert?«

»Tausend, aber was soll das?«

»Ein Kilo, das ist also tausendmal mehr als ein Gramm, nicht wahr? Und nun streng mal deinen Kopf noch ein bißchen an und überleg dir, wieviel mal mehr die Polizei sich für einen interessieren wird, der kiloweise verkauft, als für einen, der ein paar Gramm unter die Leute gebracht hat!« Er ließ seine Worte in aller Ruhe bei Norbert einsinken, wandte ihm den Rücken zu, suchte unter den Schallplatten, die auf dem Teppich lagen, und legte eine neue Platte auf.

Norbert stand auf, trat dicht hinter ihn und packte plötzlich seinen Kragen. »Du fieses Schwein meinst wohl, du könntest mich erpressen, wie?«

Thomas wand ungerührt den Kopf und knipste sein Lächeln an, das wieder die alte Leuchtkraft hatte. »Aber, aber! Wer wird denn gleich so was denken? Ich will dich zur Vernunft bringen, das ist alles.«

Norbert sprach jetzt sehr leise und deutlich. »Ich weiß nicht, was du von den Berichten in den Illustrierten hältst, mein Lieber. Im allgemeinen wohl nicht viel, genau wie ich. Aber vor ein paar Wochen hab ich da mal eine Story gelesen, da haben sie einen abends im Park gefunden. Mausetot. Da war gar nichts mehr zu machen. Nicht mal piep hat er mehr gesagt. Die Polizei hat gemeint, er hätte verdächtig viel Heroin im Wanst gehabt. Überdosis, verstehst du? Mir ist nur bis heute noch nicht klar, ob der sich die nun selbst eingespritzt hatte, oder ob . . . Ich meine, vielleicht war da einer, der ihn für ein zu großes Sicherheitsrisiko hielt.«

Thomas lachte, und es klang völlig echt. »Norbert, spiel dich nicht auf! Du bist kein großer Ganove, und du wirst es auch nicht. Genausowenig wie ich übrigens. Dazu haben wir beide nicht das Zeug, und ich habe auch keine Lust dazu. Ich will mich hier auch nicht für immer und alle Zeiten häuslich niederlassen. Deine Wirtin ist mir nicht hübsch genug. Ich will nur für ein Weilchen untertauchen und in aller Ruhe überlegen, wie es dann weitergehen soll. Ich weiß es wirklich noch nicht. Vielleicht gammle ich eine Weile. Das hat mich schon immer gereizt. Es kann auch sein, daß ich es mir anders überlege, brav nach Hause gehe, den reuigen Sünder spiele und so was wie ein Musterschüler werde, der nur mal vorübergehend ein bißchen aus dem Tritt gekommen war. Beides hat etwas für sich, wenn ich es richtig bedenke. Nur entschieden habe ich mich noch nicht. Dazu brauche ich ein paar Tage Zeit, und eben diese paar Tage werde ich dein lieber Gast sein, von dem du nichts zu befürchten hast. Begreifst du das jetzt endlich, oder willst du noch länger den Mini-Al-Capone spielen?«

Als Norbert sich resigniert auf die Tischkante setzte, wirkte er nicht mehr bedrohlich.

»Du, Norbert«, mischte ich mich ein, »tu mir einen Gefallen und laß uns beide mal ein paar Minuten allein, ja? Ich habe etwas mit Thomas zu besprechen.«

Er sah mich ungläubig an. »Sind wir schon soweit, daß ihr mich aus meinem eigenen Zimmer schmeißen wollt? Ihr geniert euch wohl gar nicht mehr, wie?«

»Red keinen Stuß! Es gibt eben Dinge, die nicht jeden etwas angehen, und dich am allerwenigsten. Nur ein paar Minuten, bestimmt.«

»Na gut, meinetwegen. Ich muß sowieso noch ein bißchen was zu essen besorgen. Auf Gäste war ich nicht eingerichtet, vor allem nicht auf Logiergäste, die sich gleich uneingeladen für ein paar Tage einquartieren wollen.« Er zog eine Jacke über und ging hinaus.

Ich nahm den Saphir von der Platte und setzte mich Thomas gegenüber auf den Teppich. »Nun laß dir erst mal guten Tag sagen, Black.«

»Tag, White!« Er grinste. »Eigentlich nett, daß du mich besuchst. Aber woher wußtest du ...«

»Deine Mutter hat mich angerufen. Ich war auch bei ihr. Sie sucht dich überall, und sie ist verzweifelt. Wirklich, sie tut nicht nur so, sie ist fertig mit den Nerven.«

»Wie rührend.«

»Thomas, sei doch nicht so stur! Sieh mal, es hatte sich alles schon wieder ganz gut eingerenkt. Es sah wahrhaftig so aus, als könntest du aus der ganzen Geschichte mit einem blauen Auge davonkommen. Jetzt bringst du doch nur alles wieder durcheinander, und davon hat keiner etwas, du am wenigsten. An deiner Stelle würde ich nach Hause gehen und den Leuten klarmachen, daß du von der Klinik die Nase voll hast und nicht daran denkst, dich wieder dorthin bringen zu lassen.«

»Ja, und das hören sie sich dann an, und übermorgen sitze ich wieder bei diesen Kopfschrumpfern, die sich wunder was auf ihre Kunst einbilden und von nichts eine Ahnung haben, und die ich vor allem nicht brauche. Ich bin schließlich völlig in Ordnung.«

»Glaubst du das wirklich selbst noch?«

»Wieso? Hältst du mich vielleicht auch für verrückt?«

»Nein, Thomas, nicht für verrückt. Aber völlig durcheinander bist du, und das weißt du genausogut wie ich. Was du jetzt alles treibst, das hältst du doch selbst nicht mehr für vernünftig. Ich lasse mir von dir vielleicht eine Menge vormachen, zuviel wahrscheinlich, aber das glaube ich dir nicht!«

Er wurde mißtrauisch. »Hat dich meine Mutter hergeschickt?«

»Sie weiß nicht, daß ich hier bin.«

»Hast du ihr gesagt, wo ich stecken könnte?«

»Nein. Seltsamerweise ist es mir selbst erst auf dem Heimweg eingefallen. Ich glaube, sonst hätte ich es ihr gesagt, und wenn du sie gesehen hättest, wenn du wüßtest, wie fertig sie ist, dann wärst du damit einverstanden gewesen. Sie fürchtet sogar, du könntest dich umgebracht haben.«

Er schüttelte den Kopf. »Umbringen? Mich? Nee, mein Lieber, das ist nicht drin. Schön, ich sitze ziemlich in der Patsche. Aber umbringen? Es gibt ein paar Dinge, bei denen ich mir komisch vorkäme. Das gehört dazu.«

»Mensch, Thomas, geh nach Hause!«

»Nein.«

»Dann werde ich eben deinen Eltern sagen, wo sie dich finden können!«

Er lächelte. »Du? Michael, das glaubst du doch selber nicht! Wir zwei sind doch nun wirklich schon eine ganze Weile gute Kumpel, nicht wahr? Und da willst du mich meinen Eltern verpfeifen? Traust du dir das zu? Ich nicht.«

»Ich bin nicht dein Kumpel, ich bin dein Freund. Und weil ich überzeugt bin . . .«

Er unterbrach mich: »Schon gut, schon gut! Ich zweifle ja gar nicht daran, daß du's nur gut meinst. Alle meinen es nur gut mit mir. Alle! Wenn sich um jeden Menschen auf der Welt so viele Leute kümmern wollten wie um mich, wenn alle es mit allen so gut meinten wie mit mir, dann hätten wir das Paradies auf Erden! Nein, ich meine es gar nicht böse, Michael. Wirklich nicht. Aber hör zu! Morgen habe ich Geburtstag. Morgen werde ich siebzehn. Das möchte ich auf jeden Fall noch hier feiern. Nicht etwa zu Hause bei Mutter und Schwestern und mit Versöhnungstränen und solchem Kram. Das mußt du doch begreifen. Morgen feiern wir hier meinen Geburtstag. Nur Norbert, du und ich. Einverstanden? Und ich verspreche dir, daß ich mir bis morgen überlegen will, wie es weitergehen soll. Bis morgen mußt du mir Zeit lassen, darfst du meinen Eltern noch nichts sagen. Dann sehen wir weiter. Wir sprechen darüber, ja?«

»Und wer garantiert mir, daß ich dich morgen noch hier finde?«

»Ehrenwort, Michael!«

»Also gut, bis morgen! Aber denk nicht, daß du mich dann rumkriegen kannst. Wir feiern deinen Geburtstag, und wenn du dann nicht vernünftig wirst, spreche ich mit deinen Eltern, ob es dir nun paßt oder nicht.«

Er lächelte wieder. »Manche werden ja mit siebzehn vernünftig. Bis dahin habe ich noch ein paar Stunden Zeit.«

Ich hatte kein gutes Gefühl, als ich nach Hause ging. Ziemlich mulmig war mir, und ein paar Minuten schwankte ich: Am liebsten wäre ich doch zu seinen Eltern gegangen und hätte mit ihnen gesprochen. Oder wenigstens mit Herrn Dirks. Bestimmt konnte ich sie davon überzeugen, daß sie Thomas noch einen Tag Schonfrist geben mußten. Ich brauchte ihnen nur zu sagen, daß er lebte, daß er sich offenbar wohl fühlte, daß sie keine Angst mehr zu haben brauchten. Mehr nicht. Aber ich ließ es dann doch bleiben. Thomas hätte selbst das bestimmt schon als ein gebrochenes Versprechen angesehen, und das wollte ich unter keinen Umständen. Es war mir damals noch nicht ganz klar, aber ich hatte das Gefühl, Thomas könne in nächster Zeit eine Menge Hilfe brauchen, und ich konnte ihm bestimmt nicht mehr helfen, wenn er mir nicht mehr glaubte. Und es lag mir sehr viel daran, daß ich ihm helfen konnte.

Polizist: Haben Sie ihn damals nach seiner Flucht aus der
Klinik gesehen?
Michael: Ja.
Polizist: Haben Sie ihm geholfen, sich zu verbergen?
Michael: Ich verweigere die Aussage.
Polizist: Warum?
Michael: Das ist meine Sache.

Für zwei Schachteln Zigaretten reichte mein Taschengeld
noch, und dann habe ich noch eine Flasche Wein aus unserem
Keller mitgenommen. Wir waren eine kleine Geburtstagsrun-
de, wie man sie sich nicht gutbürgerlicher vorstellen kann.
Norberts Wirtin, die doch die Gäste ihres Untermieters sonst
wirklich nicht besonders schätzte, war anscheinend dem Charme erlegen, den Thomas zu verbreiten wußte. Sie erklärte
mir, wenn die Eltern dieses netten jungen Mannes verreist
seien, hätte sie nichts dagegen, wenn er ein paar Tage bei
Norbert übernachtete. »Der hat wenigstens Manieren«, sagte
sie und sah Norbert dabei so eindeutig an, daß ihm klar sein
mußte, wie wenig sie mit seinen Umgangsformen zufrieden
war. Sogar einen kleinen Kuchen hatte sie gebacken, und sie
stellte eine dicke Kanne auf den Tisch, die unverkennbar
nach ziemlich starkem Kaffee duftete. Thomas konnte auch
Zimmervermieterinnen um den Finger wickeln, wenn es sein
mußte, und außerdem fand die Frau es unerhört, daß die Eltern eines so netten jungen Mannes ausgerechnet zu dessen
Geburtstag nicht daheim waren. Zum Geburtstag gehörte
nun einmal eine Kaffeerunde mit Kuchen und Familienkreis.
Ich hatte kein reines Gewissen. Gestern abend hatte ich mir
noch einmal überlegt, ob ich nicht doch lieber zu seinen Eltern gehen und ihnen sagen sollte, wo sie ihn finden könnten. Aber Thomas vertraute darauf, daß ich ihn nicht verriet,
und er hatte um vierundzwanzig Stunden Bedenkzeit gebeten. Dagegen ließ sich nichts einwenden. Die mußte ich ihm
zugestehen. Und er war ja in Sicherheit.
Ich brannte darauf, von Thomas zu erfahren, was er sich
überlegt und wie er sich entschieden hatte. Doch ich wollte

nicht fragen, solange die Wirtin noch mit im Zimmer war, und dann erschien es mir auch nicht gerade höflich, Norbert schon wieder fortzuschicken. Ich wollte aber allein mit Thomas sprechen, und so wartete ich noch ab.

Es war ein heiterer, gelöster Nachmittag. Wir kamen uns vor wie bei einem Kindergeburtstag, und wenn jemand vorgeschlagen hätte, wir sollten Sackhüpfen oder Topfschlagen spielen, hätten wir wahrscheinlich nicht gezögert. Dabei konnten wir so unbefangen im Grunde alle drei nicht sein. Wahrscheinlich schoben wir nur die Spannungen vor uns her und versteckten sie hinter einer Fassade ausgelassener Fröhlichkeit.

Den Kuchen schafften wir leicht, die Kaffeekanne war schließlich auch leer; die Wirtin räumte den Tisch ab und ließ uns allein. Norbert legte Platten auf, wir rauchten, tranken ein Glas Wein, erzählten von der Schule, von der Klinik, vom »Walfisch«, jeder von dem, was ihn in den letzten Tagen am meisten beschäftigt hatte.

»Und jetzt habe ich noch eine ganz besonders feine Überraschung«, verkündete Norbert, als der Nachmittag schon ziemlich fortgeschritten war und es draußen zu dämmern begann. Er zog drei kleine Päckchen aus der Jackentasche und legte vor jeden eines auf den Tisch. Sie sahen aus wie Zuckerstückchen, nur, daß sie in Stanniol eingewickelt waren. »Was ist denn das?« fragte ich.

Norbert sah mich verwundert an. »Kennst du das nicht? So grün bist du noch?«

Ich hatte wirklich keine Ahnung, aber ich sah auf den ersten Blick, daß Thomas genau wußte, um was es sich handelte, und daß er zu zögern schien.

»Ich habe keine Ahnung.«

»Acid, mein Lieber. Gutes, echtes LSD. Ungefähr ein zehntausendstel Gramm auf Zucker. Genau die richtige Dosis für einen herrlichen Trip, wie du noch keinen erlebt hast.«

Thomas hatte das kleine Päckchen mit dem Finger von sich geschnippt, daß es über den Tisch wieder zu Norbert gerutscht war, und ich schob meinen Würfel ebenfalls zurück.

»Ohne mich!« erklärte ich entschieden. »Haschisch hat mir gerade gereicht. Für den härteren Stoff habe ich nichts übrig, und Thomas auch nicht!«

Thomas sah mich überrascht an, dann griff er über den Tisch und holte das Stanniolpäckchen wieder. »Woher weißt du denn das? Wie kommst du dazu, einfach für mich zu entscheiden?«

»Mensch, Thomas, mach keinen Quatsch! Du weißt doch, was dabei herauskommt! Das ist doch alles sinnlos!«

Er wurde störrisch. »Aber ich lasse mir keine Vorschriften machen. Von keinem, und schon gar nicht von dir! Ich habe genug davon, verstehst du? Alle wollen mir vorschreiben, was ich zu tun und zu lassen habe! Alle! Und jetzt fängst du auch noch damit an! Ich tue genau das, was mir paßt, kapiert? Und wenn du dich damit nicht abfinden willst, dann kannst du dich meinetwegen zum Teufel scheren!«

Er ging daran, das Zuckerstückchen auszuwickeln, aber ich sprang auf ihn los, riß es ihm aus der Hand und warf es aus dem Fenster, das wir geöffnet hatten, weil die Luft blau und zum Schneiden dick war.

Erst sah Thomas mich an, als zweifelte er an meinem Verstand. Dann sah es aus, als wollte er auf mich zuspringen. Doch er beherrschte sich, wurde ganz ruhig und sagte nur: »Verschwinde! Schnell! Verschwinde! Und laß dich nicht wieder sehen!«

Verzweifelt versuchte ich, ihn zur Vernunft zu bringen. »Thomas, siehst du denn nicht ein, daß ich dir nur helfen will? Ich bin doch dein Freund, das weißt du.«

»So? Und woher weißt du, daß ich Wert darauf lege? Verschwinde, habe ich gesagt!«

Ich fühlte mich sehr niedergeschlagen, und ich wußte, daß es keinen Sinn hatte, jetzt weiter auf ihn einzureden. »Also gut«, sagte ich, »wenn du willst, dann gehe ich eben.«

»Und laß dich hier nicht mehr sehen!«

»Ich nicht, aber vielleicht deine Eltern!«

»Wenn du das wagst, schlage ich dich zusammen, darauf kannst du dich verlassen!«

»Und ich helfe ihm dabei!« versicherte Norbert, und ich be-zweifelte keinen Augenblick, daß er es ernst meinte.

Ich wußte keine Antwort mehr, die irgend etwas am Stand der Dinge hätte ändern können, also ging ich wortlos hin-aus. Noch auf der Treppe war ich fest davon überzeugt, ich würde auf schnellstem Wege zu seinen Eltern gehen und ih-nen sagen, wo sie Thomas finden konnten. Das war kein Ver-petzen. Bestimmt nicht. Es war die einzige Möglichkeit, Tho-mas zu helfen! Wenn er jetzt nach dem Haschisch auch noch mit LSD anfing . . .

Polizist: Wußten Sie, daß er zu dieser Zeit auch LSD nahm?

Michael: Ja

Polizist: Kannten Sie sich mit dieser Droge aus?

Michael: Wenn Sie damit meinen, ob ich sie selbst genom-men habe – nein.

Polizist: Aber Sie wußten, wie sie wirkt?

Michael: Ich habe mich erkundigt, und ich habe es auch gesehen.

Es war nur ein Zufall, daß ich dann doch nicht gleich zur Fa-milie Dirks gegangen bin; ein Zufall und eine plötzliche Ent-scheidung. Der Zufall war, daß ich unterwegs bei unserem Hausarzt vorbeikam. Ich sah das Schild, und in diesem Augenblick war mir klar, daß ich mit dem Arzt sprechen wollte.

Sprechstunde hatte er um diese Zeit freilich nicht, und bei einem Arzt kann man nie wissen, ob er zu Hause ist. Aber ich läutete, und sobald ich es getan hatte, kam es mir dumm vor. Ich konnte ja wirklich warten, morgen in seine Sprech-stunde gehen und dann mit ihm reden. Am liebsten wäre ich auch weitergegangen, aber da wurde die Tür geöffnet, und Bert sah mich und fragte: »Nanu, was ist denn, Michael! Ist einer krank?«

»Nein, krank nicht«, antwortete ich. »Aber, sag mal, meinst du, daß ich deinen Vater sprechen könnte? Ist er da?«

»Ja, ist er. Aber wenn keiner krank ist . . .«

»Ich glaube, es ist trotzdem ziemlich dringend.«

»Ich kann ihn ja mal fragen. Komm rein!«

Er führte mich in das Wartezimmer. Es dauerte ein paar Minuten, dann kam Doktor Stübing, lächelte wie immer und sagte: »Na, Micky, wo brennt's denn?«

Er war der einzige, der immer noch Micky zu mir sagte. Früher nannte mich kein Mensch anders. Meinen Eltern habe ich dann eines Tages erklärt, ich hätte nun genug von Micky, ich hieße Michael, und so wollte ich gefälligst auch genannt werden. Sie haben sich danach gerichtet und alle anderen auch. Nur Dr. Stübing sagt Micky, und der wird es wohl noch tun, wenn er mal meinen Kindern die Masern austreibt.

»Entschuldigen Sie, daß ich Sie am Abend störe, Herr Doktor«, bat ich.

»Wenn dir etwas fehlt, habe ich immer Zeit, das weißt du doch.«

»Aber mir fehlt gar nichts. Ich wollte mich eigentlich nur gern mal mit Ihnen unterhalten, und in der Sprechstunde haben Sie doch keine Zeit, weil dann das ganze Wartezimmer voll ist, und da dachte ich . . .«

»Was ist los?«

»Ich wollte gern wissen, was Sie von LSD halten. Als Arzt, meine ich.«

Er hob die Augenbrauen und fragte so ruhig, wie er sich sonst nach dem Befinden erkundigte: »Nimmst du das Zeug?«

»Nein, ich nicht. Nur . . . ich möchte eben wissen, ob das gefährlich ist, verstehen Sie.«

»Nein, verstehe ich nicht, aber das ist auch gar nicht nötig. Wir können trotzdem sprechen. Trinken wir etwas?«

Ich schüttelte den Kopf. »Nein, danke, ich habe gerade ausgiebig Geburtstag gefeiert.«

Er dachte einen Augenblick nach, als müßte er sich einen Vortrag zurechtlegen, dann fing er an:

»LSD ist ein natürlicher Bestandteil des Mutterkorns, man kann es aber auch künstlich herstellen. Die Wirkung von LSD 25, der Droge also, die heute manche Leute als Rauschmittel gebrauchen, wurde eher zufällig von einem Dr. Hofmann in Basel entdeckt, der bei Experimenten versehentlich etwas davon zu sich nahm, und siehe da, er erlebte Visionen oder Halluzinationen von einer überwältigenden Farbenpracht. Er nahm an, daß sie auf das LSD zurückzuführen sein mußten, und er stellte dann planmäßig Selbstversuche damit an. Die Wirkung stellte sich prompt ein: Unruhe, Schwindel, Sehstörungen, Lachreiz, die Unmöglichkeit, sich zu konzentrieren. Alle Gegenstände kamen ihm seltsam verzerrt vor, und bald darauf stellten sich Atemnot und gewisse Lähmungserscheinungen ein. Alle Glieder erschienen ihm bleischwer, in den Beinen verspürte er Krämpfe. Er lallte Unverständliches, war bisweilen völlig verwirrt, konnte dann aber auch wieder seine Lage ganz klar erkennen und kam sich vor wie sein eigener Zuschauer. Als diese Zustände vorüber waren, ließ Dr. Hofmann sich von einem Arzt untersuchen, doch der konnte keine krankhaften Veränderungen an dem Wissenschaftler feststellen.

Noch nach sechs Stunden sah Dr. Hofmann sehr deutlich leuchtkräftige Farben vor sich, alle Formen schienen sich aufzulösen, jede Musik löste nicht nur Ton-, sondern auch Farbempfindungen aus. Das war der erste beschriebene LSD-Rausch, und so ähnlich haben es wohl die meisten erlebt, die nach ihm LSD genommen haben. Es führt in einen halbwachen Rauschzustand, und es ruft Halluzinationen hervor.

Manche sagen, im LSD-Rausch könnten sie sich selbst besser erkennen. Sie erinnerten sich an Erlebnisse aus ihrer frühesten Kindheit, die längst verschüttet gewesen seien. Deshalb ist die Droge auch von manchen Psychiatern bei der analytischen Behandlung verwendet worden, doch ist man davon mehr und mehr wieder abgekommen. Im Grunde spaltet die Droge die Persönlichkeit, sie ruft also künstlich vorübergehend eine Krankheit hervor. Sag mal ehrlich, Micky! Hast du schon mal Haschisch geraucht?«

»Ja.«

»Und du hast eine Wirkung verspürt?«

»Ja.«

»Tust du's regelmäßig?«

»Gar nicht mehr.«

»Das ist auch entschieden besser so. Aber wenn du die Haschischwirkung kennst, dann kannst du dir ungefähr ausmalen, warum mal jemand gesagt hat, wenn Haschisch ein Moped sei, dann sei LSD ein Panzerwagen. Die Wirkung ist ungleich stärker, verstehst du? Das gilt für die gehobenen Stimmungen, die eintreten können, wenn man das Mittel eben in gehobenen Stimmungen einnimmt, aber es gilt auch für die quälenden Depressionen, die sich oft genug einstellen. Sie können zu sehr schweren Angstzuständen, in extremen Fällen bis zum Verfolgungswahn führen. Bekannt sind eine Reihe von Gewalttätigkeiten, die unter dem Einfluß von LSD begangen wurden. Wir wissen auch, daß es in einer beträchtlichen Zahl von Fällen zu Selbstmordversuchen im Rauschzustand gekommen ist. Im allgemeinen tritt die beabsichtigte Wirkung nicht oder nicht im gleichen Maße ein, wenn man die nächste Dosis in einem kurzen Abstand nimmt, darum greifen die meisten LSD-Benutzer nicht ständig zu ihrer Droge. Bei ganz schweren Fällen von LSD-Mißbrauch können erhebliche psychische Schäden eintreten, auch Wahnsinn kommt vor.«

»Stimmt es, daß man zum LSD meistens durch das Haschisch kommt?«

»Daß man Haschisch als eine Einstiegdroge für LSD bezeichnet, ist falsch. Hasch ist nicht schuld daran, daß jemand LSD nimmt, aber es gibt selbstverständlich Zusammenhänge. Wer Haschisch raucht, hat sich zunächst einmal über eine Schranke hinweggesetzt. Er weiß, daß er etwas Verbotenes tut, er tut es trotzdem. Der nächste Schritt ist dann schon leichter. Er hat die Wirkung verspürt, die vom Haschisch ausgeht, und wenn er häufig damit zu tun hat, möchte er gern eine stärkere Wirkung kennenlernen, und deshalb greift er dann vielleicht zum LSD. Es ist keine Folge vom Haschisch, sondern eine Folge der veränderten Einstellung.«

»Wird man vom LSD süchtig?«

»Körperlich süchtig nicht. Aber wenn jemand seinen Trip als

angenehm empfunden hat, wird er ihn wiederholen wollen. Das tun wir doch mit allen Dingen, die wir als angenehm empfinden. Und dann: ganz offensichtlich führen alle diese Drogen zu einer gewissen Gleichgültigkeit der Umwelt gegenüber. Und man gewöhnt sich daran, daß vor den Anforderungen des Alltags die Flucht in den Rausch möglich ist. Es ist klar, daß das zu einer charakterlichen Veränderung führt, die man beim besten Willen nicht verharmlosen kann. In letzter Zeit meinen manche Mediziner – und ich kann nicht sagen, ob sie recht haben oder nicht, weil die Belege dazu einfach noch nicht ausreichen –, daß häufiger Genuß von LSD auch Chromosomenschäden hervorrufen kann. Das bedeutet, daß starke LSD-Benutzer unter Umständen später kranke Kinder haben werden.«

Er hat sehr lange erzählt und wohl noch vieles, woran ich mich nicht mehr erinnere. Ich war auch mit den Gedanken nicht mehr dabei, denn ich dachte an Thomas. Wenn alles stimmte, was Dr. Stübing mir sagte — und warum sollte er mich anlügen? —, dann war Thomas wirklich in Gefahr, und ich mußte ihn herausholen. Irgendwie!

»Nun heraus mit der Sprache, Micky! Hast du selbst etwas mit dem Zeug zu tun? Du weißt, du kannst mir alles erzählen, ich muß von Berufs wegen den Mund halten, auch deinen Eltern gegenüber.«

»Nein, wirklich nicht. Es handelt sich nicht um mich. Um einen Freund, der aber auch bisher noch kein LSD genommen hat, nur Hasch. Ich wollte nur wissen . . .«

»Ich hab dir gesagt, was ich weiß.«

»Vielen Dank, Herr Doktor!«

Polizist: Und Sie haben trotzdem nichts unternommen, um Thomas davon abzubringen?

Michael: Doch.

Ich weiß genau: Ich wollte zu seinen Eltern gehen. Ganz fest hatte ich es mir vorgenommen. Sobald ich wieder auf der Straße war, lief ich, gehetzt, als würde ich verfolgt. Ich rannte keuchend und hatte das Gefühl, es komme auf jede Sekunde an, ich könne leicht zu spät kommen, und dann sei eine Katastrophe unvermeidlich.

Erst nach ein paar Minuten merkte ich, daß ich nicht nach links gelaufen war, wie ich es hätte tun müssen, um zur Familie Dirks zu kommen, sondern nach rechts, zurück zu Norberts Zimmer. Es war unsinnig! Was sollte ich dort? Thomas hatte mich hinausgeworfen, und inzwischen war er bestimmt nicht besser auf mich zu sprechen. Wenn ich jetzt wiederkam, hörte er sicher nicht mehr auf mich als vorhin.

Dann stand ich vor der Haustür und zögerte, hatte etwas wie Angst, die ich erst überwinden mußte, sprang dann doch die Treppe hinauf, läutete, drängte an der Wirtin vorbei, die empört öffnete, riß die Tür zu Norberts Zimmer auf und blieb auf der Schwelle stehen, weil ich nicht begriff, was ich sah.

Thomas lag auf der Couch, und Norbert kniete über ihm, hielt ihn mit aller Kraft nieder, während Thomas sich drehte und wand, sich von Norbert zu befreien suchte, den Mund weit aufgerissen hatte, als wollte er schreien.

Ich sprang hinzu, packte Norbert bei den Schultern, riß ihn zurück. Er war stärker als ich, doch auf mein Eingreifen war er nicht gefaßt, und so gelang es mir, ihn wegzureißen. Im selben Augenblick sprang Thomas auf, und es sah aus, als wollte er sich auf Norbert stürzen. Doch dann blieb er mitten in der Bewegung erstarrt stehen, ließ die Arme sinken, zitterte am ganzen Körper, wie von einem heftigen Frost geschüttelt. Die Augen waren unwirklich groß. Sie waren gerötet und sie tränten. Er ließ sich auf die Couch zurückfallen, drehte sich auf den Bauch und biß in das Kissen.

»Bist du verrückt geworden?« zischte Norbert mich an. »Ich muß ihn festhalten, er wird wild! Er hat einen schlechten Trip erwischt, wollte alles kurz und klein schlagen!«

»Bleib du bei ihm! Ich laufe los und hole einen Arzt!«

Er hielt mich am Arm fest. »Bist du wahnsinnig? Was soll ich hier mit einem Arzt?«

Ich schrie ihn an. »Ja, jetzt hast du Angst! Es könnte ja etwas herauskommen, wie? Es könnte dir an den Kragen gehen! Aber das geschieht dir recht! Warum hast du ihm diesen Mist gegeben! Du bist schuld!«

Er schüttelte den Kopf. »Mit Angst hat das gar nichts zu tun, Michael. Bestimmt nicht! Aber ob du einen Arzt holst oder nicht — von einem Trip kannst du keinen Menschen zurückbringen. Da gibt es kein Mittel. Du kannst nur abwarten, bis alles vorbei ist, und dann fühlt er sich wie immer. Da bleibt nichts zurück, du wirst ja sehen.«

»Das sagst du, aber . . .«

»Spiel dich nicht auf!« herrschte er mich an. »Und wenn du es ganz genau wissen willst: Du bist schuld, daß er auf eine schlechte Reise gegangen ist! Kein anderer als du! Du hast vorhin mit ihm Krach gehabt, und gleich darauf hat er den Trip eingeworfen. Das konnte ja nicht gutgehen!«

»Und wer hat ihm das Zeug gegeben?«

»Ich wollte es ihm ja wieder wegnehmen, aber ich kam zu spät. Darum habe ich nichts genommen. Ich habe geahnt, was passieren würde, also mußte ich wach bleiben. Es war ein ganz schönes Stück Arbeit, das kannst du mir glauben. Er wollte hier alles kurz und klein schlagen, und mir wollte er an den Hals. Und dann hat er geheult wie ein Wolf, und ich dachte, er wolle sich umbringen. Jetzt scheint er sich ja zu beruhigen.«

Er lag auf der Couch wie zerschlagen. Noch immer zitterte er am ganzen Körper, krampften sich seine Finger unruhig in das Kissen, warf er den Kopf hin und her, als wollte er sich von Bildern abwenden, die ihn bedrängten und quälten. Ich trat zu ihm und legte ihm die Hand auf die Schulter, doch er fuhr auf, als hätte ich ihn geschlagen. Er wollte mich angreifen, das weiß ich bestimmt.

Da schlug ich zu.

Wir hatten uns noch nie geschlagen, nicht einmal im Spaß, aus dem Alter waren wir heraus. Aber jetzt schlug ich ihm mit aller Kraft die Faust ins Gesicht. Er sah mich ungläubig an, grinste dann, während er sich mit der Hand über die getroffene Stelle wischte, stammelte etwas, das ich nicht verstand, ließ sich wieder auf die Couch fallen und fing an zu weinen wie ein ganz kleines Kind, so trostlos und mit so großen, runden Tränen.

Norbert und ich saßen schweigend am Tisch und sahen zu Thomas hinüber. Ganz langsam beruhigte er sich wieder. Ein paar Minuten lag er leblos still. Dann stand er plötzlich auf, ganz ruhig. »Mensch, bin ich müde«, sagte er und reckte sich. »Und der ganze Leib tut mir weh, als hätte ich den Tag über Kartoffelsäcke geschleppt.« Er kam an den Tisch, hob den Deckel von der Kaffeekanne, sah hinein. Nahm dann seine Tasse, ging zum Waschbecken, ließ Wasser laufen, trank eine Tasse, zwei, drei, wischte sich mit dem Handrücken über den Mund.

»Bringst du mich nach Hause, Michael?« fragte er dann und ging schon zur Tür, ohne noch ein Wort mit Norbert zu wechseln. »Ich bin so müde. Ich muß ins Bett.«

Ich ging ihm nach. Als wir die Treppe hinuntergingen, sah ich auf die Armbanduhr. Es war fast Mitternacht.

Michael: Ich habe ihn damals zu seinen Eltern zurückgebracht. Ich dachte, das wäre für ihn am besten.

Polizist: Damit werden Sie ja wohl auch recht gehabt haben.

Michael: Ich fürchte, das war ein Irrtum.

Dabei waren seine Mutter und sein Vater wirklich erleichtert, als wir sie herausklingelten und sie Thomas wiedersahen. Da war kein Vorwurf, in keinem Wort, in keinem Blick. Sie stellten keine Frage. Herr Dirks sagte nur: »Da bist du ja, mein Junge!« Und Frau Dirks weinte ein bißchen.

Obwohl es doch so spät war, mußte ich noch mit in das Wohnzimmer.

»Wissen deine Eltern, wo du bist?« fragte Herr Dirks, und als ich den Kopf schüttelte, griff er gleich zum Telefon, rief bei mir zu Hause an, beruhigte meinen offenbar sehr aufgebrachten Vater und versicherte, es sei alles in schönster Ordnung, ich habe der ganzen Familie einen unschätzbaren Dienst erwiesen, und in einer Stunde sei ich bestimmt daheim, oder nein, ich könne ja heute gleich hier schlafen und morgen früh mit Thomas zur Schule gehen, es mache keine Umstände, und es sei bestimmt sogar viel besser so. Mein Vater stimmte anscheinend zu, und das wunderte mich, denn viel hatte ihm Herr Dirks ja nun wahrhaftig nicht erklärt.

»Ich habe schrecklichen Durst«, sagte Thomas, und seine älteste Schwester lief gleich in die Küche und brachte eine Flasche Orangensaft. Sie mußte noch eine zweite holen, obwohl ich nur ein einziges Glas trank. Thomas hatte auch einen Mordsappetit.

Erst als er gegessen und getrunken hatte und zufriedener aussah, fragte Frau Dirks: »Junge, wo hast du denn gesteckt?«

»Bei einem Freund.«

Frau Dirks sah mich forschend an. »Er war doch nicht etwa bei dir? Und du hast uns nichts gesagt?«

»Nein, nicht bei mir«, verteidigte ich mich. »Er war ein paar Tage bei —«

»Halt den Mund!« fuhr Thomas dazwischen. »Das geht keinen etwas an! Den läßt du dabei aus dem Spiel!«

Herr Dirks schaltete sich ein. »Das ist ja jetzt auch ganz gleichgültig. Die Hauptsache ist, daß wir dich wiederhaben, Junge!«

»Wiederhaben? Habt ihr mich denn? So, wie man etwas besitzt, wie?«

Es sah fast so aus, als sollte es doch noch zu einem Streit kommen, aber Frau Dirks verhinderte ihn. »Ihr seid beide viel zu müde«, entschied sie, »und es hat keinen Sinn, daß wir uns jetzt noch lange unterhalten. Ich richte dir die Couch bei Thomas, und dann werdet ihr beide erst einmal richtig ausschlafen.«

Müde waren wir wirklich, aber einschlafen konnten wir nicht, wenn wir es auch anfangs voreinander verbargen.

Ich hörte, daß Thomas sich immer wieder von einer Seite auf die andere wälzte, konnte zweimal erkennen, daß er sich zum Sitzen aufrichtete und zu mir herübersah, als wollte er feststellen, ob ich schon schliefe, aber ich sagte nichts, denn ich wußte nicht, wie ich jetzt ein Gespräch mit ihm führen sollte. Ich wußte nicht einmal, ob ich es noch wollte.

Wie hatte Thomas mich behandelt! Nicht im Rausch, sondern vorher, bevor er diesen verdammten Zucker geschluckt hatte. Warum bildete ich mir eigentlich noch immer ein, wir wären Freunde?

Andererseits: Aus der Klinik hatte er nur einen einzigen Brief geschrieben, und den hatte er an mich gerichtet. An keinen anderen Menschen. Bedeutete das vielleicht, daß er keinen anderen wußte?

»Thomas?« fragte ich endlich in die Dunkelheit hinein, als er schon eine ganze Weile still gelegen hatte und ich nicht sicher war, ob er nicht endlich doch eingeschlafen sein könnte.

»Ja?« fragte er leise zurück wie jemand, der schon halb im Schlaf redet oder noch nicht ganz aufgewacht ist.

»Wie fühlst du dich?«

Er schwieg, als wäre die Frage so schwer zu beantworten, daß er lange nachdenken müsse. Ich meinte schon, er wolle nicht antworten. Doch dann sagte er endlich: »Ich weiß nicht. Es ist schön, daß ich wieder hier bin, glaube ich. Wenn ich mir nur nicht so belämmert dabei vorkäme, so besiegt, verstehst du?«

»Unsinn, Thomas! Was heißt schon besiegt? Du bist wieder da, und das ist die Hauptsache. Was du in letzter Zeit angestellt hast, das war doch alles Quatsch. Das paßt auch überhaupt nicht zu dir.«

»Meinst du? Kennst du mich so genau?« Er schwieg ein Weilchen, dann setzte er hinzu, als fiele es ihm schwer, es zuzugeben: »Wahrscheinlich hast du sogar recht. Es paßt nicht zu mir. So bin ich eigentlich gar nicht, und so will ich auch nicht sein. Wirklich nicht.«

»Ich weiß.«

Dann sagten wir beide nichts mehr, und als ich einschlief, war ich sicher, es sei nun alles gut; alles, was in letzter Zeit vorgefallen war, sei im Grunde nur ein Mißverständnis gewesen, ein Umweg, der sich als Irrweg erwiesen hatte, aber nun seien wir beide wieder auf dem richtigen Kurs.

Auch am nächsten Morgen am Frühstückstisch war alles gut. Kein Mensch erwähnte mit einem Wort, was vorgefallen war. Nur als wir beide zur Schule aufbrachen — ich hatte keine Büchertasche bei mir, aber es ging sicher auch einmal so —, fiel Frau Dirks ein wenig aus der Rolle. An der Wohnungstür sagte sie: »Und mach nicht wieder Dummheiten, Junge!« Ich sah Thomas von der Seite an. Er kniff die Lippen zusammen, als wollte er eine Antwort gewaltsam zurückhalten.

In der Schule war Thomas an diesem Vormittag wieder einmal der Mittelpunkt. Offenbar freuten sich alle, daß er wieder bei uns war; anscheinend wollten manche ihre kühlere Haltung der letzten Zeit ungeschehen machen. Ich hatte nicht den Eindruck, als fühlte Thomas sich in seiner alten Rolle unwohl.

Die Lehrer taten so, als hätte Thomas nur eben gestern einmal gefehlt, weil er Halsweh hatte. Sie fragten nichts, sagten nichts, nahmen als selbstverständlich zur Kenntnis, daß er wieder unter uns saß, beteiligten ihn am Unterricht wie immer, hatten offenbar die Devise ausgegeben: Es ist alles ganz normal! Sicher war es gut so. Manchmal waren die Lehrer gar nicht so ungeschickt.

Auffällig war für mich nur eines: Thomas bemühte sich deutlich um Sabine. Gefallen hatte sie ihm immer, das hatte er mir ja schon am ersten Tag in unserer Klasse gesagt. Doch er hatte sich bisher nicht um sie gekümmert, weil ich ihm erzählt hatte, sie sei mehr oder weniger in festen Händen. Jetzt schien ihn das nicht mehr zu stören. Es ließ sich gar nicht übersehen, wie er sie umwarb, wie aufmerksam er sich ihr gegenüber zeigte, wie er sie immer wieder ansah, auch während des Unterrichts. Als er einmal merkte, daß ich ihn dabei beobachtete, wurde er tatsächlich rot! Thomas und erröten!

»Na? Plötzlich wieder die große Liebe entdeckt?« neckte ich ihn in der Pause.

»Was willst du: Ist sie nicht wirklich großartig?« fragte er, und dagegen ließ sich nichts einwenden. Sabine sah nicht nur gut aus, sie war auch rundum in Ordnung. Und Thomas und sie — ein gutes Paar wäre das gewesen und so hübsch, daß die Leute sich auf der Straße nach ihnen umgedreht hätten. In den nächsten Tagen kam Thomas zur Schule wie zur Tanzstunde. Er zeigte Umgangsformen wie ein englischer Lord, versprühte seinen bewährten Charme, knipste sein Lächeln kaum noch aus – zeigte sich von der besten Bilderbuchseite.

Nur zwei, drei Tage tat Sabine, als bemerkte sie es gar nicht, dann aber zeigte sie deutlich, daß sie es bemerkt hatte und von irgendwelchen Annäherungsversuchen nichts wissen wollte.

»Ich hab dir gleich gesagt, sie ist nicht zu haben«, sagte ich, doch Thomas wußte es besser.

»Meinst du? Nicht gleich, nicht auf den ersten Blick, das ist klar. So eine ist sie ja nun nicht. Mädchen wie sie wollen eben ein bißchen umworben werden. Sie machen es einem nicht so leicht, weißt du. Ich kriege sie schon noch herum, darauf kannst du dich verlassen.«

»Und an deine Birgit denkst du wohl gar nicht mehr?«

»An Birgit? Ganz nett, weißt du. Mal so zwischendurch allenfalls. Mehr aber auch nicht. Am nettesten ist sie, solange sie den Mund nicht aufmacht. Aber richtig unterhalten – geht doch gar nicht. In dem hübschen Kopf steckt nichts. Ein paar Popsänger, ein bißchen Hasch, eine ganze Menge Liebe und so – aber man kann doch Birgit nicht mit Sabine vergleichen! Ich weiß nicht, ob du das verstehst ...«

»Warum nicht? Man kann Monika auch nicht mit Karin vergleichen.«

»Na, siehst du!« Und dann setzte er hinzu: »Außerdem gehört Birgit dazu.«

»Wozu?«

»Zum Hasch, zum Trip, zum ›Walfisch‹, zu Norbert, zu allem, wovon ich nichts mehr wissen will.«

Ich freute mich, daß er es sagte. Es schien ihm ernst damit zu sein, und ich war auch ganz sicher, daß er in den letzten Tagen keinen Joint geraucht hatte, daß er das Zeug augenblicklich nicht anrührte, daß er keine Verbindung zu denen hatte, mit denen wir sonst umgegangen waren. Vielleicht war alles wirklich nur eine Episode gewesen und nun ein für allemal abgeschlossen, vorbei, fast vergessen, erledigt.

Polizist: Warum meinen Sie das?
Michael: Wenn es wirklich so gut gewesen wäre, dann hätte doch alles endgültig in Ordnung kommen müssen.
Polizist: Und es kam nicht alles in Ordnung?
Michael: Was soll die Frage? Das wissen Sie doch genau! Hätten Sie Thomas sonst heute hier?
Polizist: Woran lag es denn Ihrer Meinung nach, daß es nicht geklappt hat?
Michael: So einfach kann man das nicht sagen.

Woran lag es denn? An Thomas? An seinen Eltern? An Sabine vielleicht? Oder an Norbert und Birgit? An mir? Es gibt Fragen, die man gar nicht zu stellen brauchte, wenn sie so leicht zu beantworten wären.
Es lag an Thomas.
Schließlich muß der Mensch auch wissen, was er will. Er muß seine Vorsätze fassen, und dann muß er sich gefälligst auch daran halten. Er kann nicht von einem Tag auf den anderen einfach die Meinung wechseln und alles wieder für richtig halten, was er noch vierundzwanzig Stunden zuvor verurteilt hat. Klar, dabei kann es mal Schwierigkeiten geben, aber das ist noch lange kein Grund, alle Vorsätze über den Haufen zu werfen wie ein zorniges Kind die Bauklötze. Ein bißchen Stehvermögen gehört schließlich auch dazu, und alles kann man eben nicht mit lächelndem Charme erreichen. Wer nicht auch mal die Zähne zusammenbeißen kann . . .
Ich komme mir vor wie einer dieser staubigen Moralapostel, wie einer dieser selbstgerechten Besserwisser, die sich selbst für unfehlbar halten und bei anderen die Fehler verurteilen, die sie nur deshalb nicht begangen haben, weil ihnen die Gelegenheit dazu fehlte. Oder weil sie eben anders sind als der, den sie verurteilen. Nein, es lag eben nicht an Thomas. Nicht nur an ihm.

Es lag an seinen Eltern. Zumindest an seiner Mutter.

Ein paar Tage hielt sie sich zurück. Wahrscheinlich kostete sie das eine Menge Mühe, aber sie betrachtete Thomas wohl als einen Genesenden, der noch Schonung brauchte. Doch bald war die Schonzeit abgelaufen, und von diesem Augenblick an widmete sich Frau Dirks überwiegend der Vorbeugung.

In der ersten Zeit war das Thema Hasch und alles, was damit zusammenhing, tabu gewesen. Jetzt kam sie andauernd darauf zu sprechen, und wenn Thomas dann unwillig wurde, sagte sie: »Du weißt doch, wohin es dich geführt hat! Ich will doch nur, daß du nicht wieder in solche Dinge gerätst ...« Es war bestimmt gut gemeint, und das ist oft genug das Gegenteil von gut.

Seine Mutter fürchtete, alles könnte wieder von vorn beginnen. Vermutlich fing sie deshalb immer wieder damit an, und ich kann mir gut vorstellen, wie sehr Thomas sich beherrschen mußte, um dabei nicht zu platzen.

Vielleicht lag es aber doch noch mehr an Sabine.

Eines Tages schien Thomas einen Entschluß gefaßt zu haben. Diese Anhimmelei aus der Halbdistanz reichte offensichtlich nicht aus, um Sabine zu gewinnen. Ein bißchen direkter mußte er schon zu Werke gehen, wenn er weiterkommen wollte. Es paßte gut zu Thomas, daß er, da der Entschluß einmal gefaßt war, keine langen Umwege mehr einschlug, sondern geradewegs auf sein Ziel zusteuerte.

Als er sie auf dem Schulhof allein abpassen konnte, ging er auf sie zu, widmete ihr sein bestes Lächeln und erklärte nur eine Spur verlegen: »Du, Sabine, ich mag dich. Was meinst du? Könnten wir zwei uns nicht ein bißchen zusammentun?«

Erst war Sabine verblüfft, denn so unkompliziert war wohl noch keiner an die Sache herangegangen. Sie lächelte, wurde rot, was ihr gut stand und in diesem Augenblick auch durchaus zu Thomas paßte, doch dann faßte sie sich sehr schnell und erklärte kühl:

»Ich habe dich eigentlich auch immer ganz nett gefunden, Thomas, aber du kommst ein bißchen spät. Das hättest du mir schon sagen müssen, ehe du die Haschgeschichten angefangen hast. Solche Dinge mag ich nicht, und auch keine Jungen, die sich damit abgeben und das Zeug dann noch verkaufen.«

»Das war einmal, Sabine. Das ist doch längst vorbei!«

»Sagen kann man viel.« Damit drehte sie sich auch schon um, ließ Thomas stehen und ging ein paar Freundinnen entgegen.

Im ersten Augenblick sah es aus, als wollte Thomas ihr nachgehen, dann hob er die Hände, die Handflächen nach außen gekehrt, in einer resigniert-hilflosen Bewegung und kam wieder zu mir geschlendert, als wäre nichts geschehen. Vom nächsten Morgen an kam er nicht mehr so elegant zur Schule, und von seinen in letzter Zeit so mustergültigen Manieren blätterte der Putz. Ich beobachtete, daß er während des Unterrichts noch manchmal zu Sabine hinübersah, doch er verzog jetzt die Mundwinkel dabei, als wollte er sagen: »Wie du willst! Dann eben nicht!«

Richtig war es bestimmt nicht von Sabine. Sie brauchte ja nicht mit ihm zu gehen, wenn sie nicht wollte, aber sie hätte ihm das nicht so sagen müssen, nicht mit dieser Begründung. Geholfen hat sie ihm damit bestimmt nicht, und vielleicht ist sie deshalb auch schuld an allem, was dann geschah. Wenigstens zum Teil.

Aber hauptsächlich lag es an Norbert und an Birgit.

Es war an einem Samstagmittag. Thomas und ich hatten noch ein Weilchen getrödelt und kamen als letzte aus dem Schultor. Da standen sie. Die Geschichte mit Sabine lag erst zwei oder drei Tage zurück, genau erinnere ich mich nicht mehr.

»Was wollen die denn hier?« fragte mich Thomas, als wir die beiden am Tor stehen sahen, und ich hatte ein ungutes Gefühl. Es wäre mir lieber gewesen, wir hätten Norbert und Birgit nie wieder gesehen, aber dazu war unsere Stadt wahrscheinlich ohnehin nicht groß genug.

Norbert hatte sich fein gemacht, und mir fiel auf, daß er drei dicke, glitzernde Ringe an den Fingern trug, die ich bisher nicht an ihm bemerkt hatte. Sie wirkten protzig und unecht. Als Norbert mir die Hand gab, sah ich, daß seine Hände im Gegensatz zu früher sehr gepflegt aussahen, und die Fingernägel waren sauber. In seinem Beruf war das nicht so leicht zu bewerkstelligen. Vielleicht arbeitete er nicht mehr?

Birgit sah toll aus! Sie trug einen offenen Maximantel und darunter Hot pants – also, heiß war dafür ein zu schwacher Ausdruck. Wirklich. Es war gar nicht so leicht, nur unauffällig die Beine zu bewundern, die sie ausstellte. Thomas ließ seinen Blick auf und ab gleiten, pfiff anerkennend und nickte wohlwollend.

»So ein Zufall, daß wir uns hier gerade über den Weg laufen!« sagte Norbert. Dabei brauchte man kein Hellseher zu sein, um zu wissen, daß die beiden hier auf uns gewartet hatten, oder wenigstens auf Thomas. »Nett, daß man dich auch mal wieder sieht. Du hast dich ja in letzter Zeit mächtig selten gemacht.«

»Bei dem Anblick«, antwortete Thomas und deutete auf Birgit, »ist das eigentlich unverantwortlich.«

»Aber da wir uns gerade so zufällig begegnen«, meinte Norbert, der mich kaum beachtete, »könnten wir doch gleich verabreden, wann wir uns mal wieder treffen. Findest du nicht?«

Thomas zögerte ein Weilchen, eher er antwortete: »Ach, weißt du, viel halte ich nicht davon. Bin froh, daß ich den Kram hinter mir habe.«

»So meine ich das nicht«, versicherte Norbert. »Wenn du nichts brauchst und nichts haben willst, dann mußt du doch nicht, Thomas. Ich meine nur, eigentlich sind wir doch gute Freunde, und das kann doch so bleiben.«

»Und mich hast du wohl ganz vergessen?« mischte Birgit sich ein. Dabei sah sie Thomas herausfordernd an und stellte einen Fuß ein Stückchen vor, so daß der Maximantel etwas weiter auseinanderklaffte.

»Aber Mädchen! Dich kann man doch nicht vergessen!« versicherte Thomas, und seine Blicke verrieten deutlich, daß er ihr nicht nur schmeicheln wollte.

»Dann komm doch heute nachmittag mal bei mir vorbei«, schlug Norbert vor und wandte sich dann an mich: »Du kannst natürlich auch mitkommen.« Sein Tonfall verriet überdeutlich, daß er es nur höflich meinte und keinen Wert auf mich legte.

»Ich habe keine Zeit«, gab ich kurz zurück. »Bin verabredet. Und ...« Ich wollte sagen, daß Thomas auch keine Zeit habe, aber ich verkniff es mir schnell, weil mir einfiel, wie er reagiert hatte, als ich schon einmal für ihn entschieden hatte.

»Und du, Thomas?«

»Mal sehen. Versprechen kann ich wirklich noch nichts. Und falls ich wirklich kommen sollte — schön sauber, verstehst du? Kein Stoff!«

»Wie du willst, Thomas. Außer dem Zeug gibt es ja noch ein paar Annehmlichkeiten auf der Welt, finde ich.« Damit sah er Birgit vielsagend an und kniff schmunzelnd ein Auge zu.

»Du meinst unsere kühle Blonde?« fragte Thomas.

»Vielleicht ist sie inzwischen doch ein bißchen weniger kühl geworden«, mutmaßte Norbert, und Birgit ergänzte: »Immerhin hast du mir gefehlt, Thomas.«

Ich hatte das Gefühl, es sei Thomas nicht angenehm, daß ich bei diesem Gespräch zugegen war.

»Versprechen kann ich wirklich noch nichts«, wiederholte er. »Mal sehen, ob ich's einrichten kann, dann komme ich auf einen Sprung vorbei. Aber jetzt muß ich mich beeilen, sonst werden die Kartoffeln kalt!«

Norbert gab uns beiden die Hand, Birgit nickte mir zu, dann trat sie dichter an Thomas heran, faßte seinen Kopf mit beiden Händen und drückte ihm einen ganz schnellen Kuß auf die Wange. »Bis heute nachmittag«, sagte sie. »Du kommst doch bestimmt?«

Thomas antwortete nicht mehr.

»Gehst du hin?« fragte ich, als wir wieder allein waren.

»Mal sehen.«

»Meinst du, daß es gut ist?«

»Ich weiß nicht. Aber Birgit ist gut, findest du nicht auch?«

»Nicht so gut wie Sabine.«

»Aber greifbarer«, gab er zurück.

An diesem Nachmittag ging er zum erstenmal wieder zu Norbert. Die beiden waren schuld. Vor allem Birgit.

Oder lag es an mir?

Zugegeben: Ich hatte damals ganz andere Dinge im Kopf als Thomas und seine Probleme. Zum erstenmal war ich richtig verliebt, und Karin war ein Prachtmädchen. Ganz anders als Birgit und als Monika. Auch die Gedanken, auf die sie mich brachte, waren anders als bei den beiden. Wir trafen uns fast jeden Nachmittag. Manchmal bei ihr, manchmal bei mir, manchmal irgendwo in der Stadt. Ihre Eltern waren nett und mochten mich, meine Eltern mochten Karin, wir mochten uns. Vielleicht hätte mich das nicht so ausschließlich in Anspruch genommen, aber es war alles noch so neu für mich.

Mit Thomas war ich nur noch in der Schule beisammen, wir verstanden uns gut, konnten miteinander über alles sprechen. Er wußte all die kleinen Nichtigkeiten um Karin und mich, die ihn belustigten und die mir so wichtig vorkamen. Er sprach nachsichtig mit mir wie mit einem Kranken, und außerdem hörte man von ihm nie diese blöden und geschmacklosen Anspielungen wie von manchen anderen in der Klasse, denen zum Thema Mädchen immer nur eines einfiel, das damit überhaupt nichts zu tun hatte. Aber nach der Schule blieb mir keine Zeit für Thomas, und er forderte sie auch nie.

Dabei wußte ich doch genau, daß Thomas, der Beliebte, keinen Freund außer mir hatte.

Vielleicht bin ich schuld, weil ich mich so wenig um ihn gekümmert habe, weil ich nur noch für Karin und mich selbst Zeit hatte und kaum an etwas anderes dachte.

Andererseits — schließlich war ich auch nicht als Kindermädchen für Thomas angestellt. Er war ein Jahr älter als ich und mußte selbst wissen, was er tun wollte und durfte und was nicht. Es hat gar keinen Sinn, daß ich mir jetzt einrede, ich wäre irgendwie mitverantwortlich für alles, was dann geschah. Was heißt hier verantwortlich? Wieso denn?

Es lag alles ganz allein an Thomas!

Polizist: Sie wissen, daß er dann wieder Verbindung zu diesem Norbert Cordes aufgenommen hat?

Michael: Ja, ich weiß. An einem Samstagnachmittag, hat er ihn wieder besucht.

Polizist: Wissen Sie auch, was sich dort abgespielt hat?

Michael: Nein. Ich war nicht dabei, und Thomas hat es mir nicht erzählt.

Daß Thomas über seinen Besuch nichts erzählt hatte, war verständlich. Er war nicht sehr stolz auf diesen Nachmittag, und außerdem war er so tief beunruhigt, daß er noch nicht über alles sprechen konnte, was seit dem frühen Sonntagmorgen unablässig in seinen Gedanken war.

Halb war Thomas entschlossen gewesen, Norbert wirklich einmal wieder zu besuchen, als er sich am Schultor von Birgit und ihm verabschiedet hatte. Aber nur halb. Daß er bei diesem Besuch Haschisch oder auch LSD angeboten bekäme, war ziemlich sicher, und davon wollte er nichts mehr wissen. Andererseits — Birgit hatte wirklich toll ausgesehen, und angesehen hatte sie ihn, daß er sich von diesem Besuch einiges versprach.

Der Gedanke an Birgit hatte schließlich den Ausschlag gegeben. Gegen vier hatte Thomas bei Norbert geläutet, und es sah ganz so aus, als hätte man ihn erwartet.

»Also, eines sage ich euch gleich«, erklärte Thomas noch an der Tür. »Von dem Stoff habe ich genug, ich will nicht mehr, versteht ihr? Gebt euch also gar keine Mühe!«

Norbert lächelte. »Meinst du vielleicht, wir haben überhaupt bloß noch Gras und so was im Kopf? Wir freuen uns nur, daß du dich mal wieder sehen läßt, das ist alles. Wenn du nichts brauchst, dann kriegst du auch nichts. Keine Angst, wir wollen dich nicht verführen.«

»Gegen Verführen hätte ich gar nicht soviel«, gab Thomas grinsend zurück und sah Birgit an, die lächelte, die Nase krauszog und ein Auge zukniff.

»Trinken wir erst einmal was«, meinte Norbert und schenkte Bier ein.

Thomas setzte sich auf die Couch, Birgit hockte sich dicht neben ihn. Norbert saß gegenüber in einem Sessel und schien die beiden belustigt zu beobachten. Sie tranken, Norbert schenkte nach.

Birgit war es, die das Bier zuerst langweilig fand und meinte, ein bißchen was Schärferes könne doch wohl nicht schaden. Norbert hatte auch dafür vorgesorgt. Er öffnete mit der Geste eines Zauberkünstlers ein Schränkchen, das Thomas bei ihm zuvor noch nicht gesehen hatte, und darin offenbarte sich eine wahre Pracht von Flaschen. »Es ist alles da! Ihr braucht nur zu wählen!«

Es war noch gar nicht so lange her, daß Thomas in seiner Freizeit überwiegend Sport getrieben hatte. Im Trinken hatte er wahrhaftig keine Erfahrung. Er probierte vom Weinbrand, vom Sherry, von einigen bunten Likören, er sah amüsiert zu, wie Norbert in einem Mixbecher bunte Flüssigkeiten zu seltsamen Drinks durcheinanderwirbelte, und er trank, was ihm hingestellt wurde. Daß Birgit dabei kaum mithielt, bemerkte er nicht. Norbert war mit Mixen und Einschenken beschäftigt und hielt sich zwischendurch ausschließlich an Bier.

Erst nach einer ganzen Weile setzte er sich wieder Thomas gegenüber, sah ihn prüfend an und sagte: »Hoffentlich schmeckt es dir.«

»Toll«, lobte Thomas. »Sag mal, hast du in der Lotterie gewonnen? Was da im Schrank steht, ist doch ein kleines Vermögen wert!«

»Nicht so schlimm«, wehrte Norbert ab. »Das Geschäft geht eben gut, da bleibt etwas übrig. Du kannst dir nicht vorstellen, wieviel Kunden jede Woche neu dazukommen. Mit der Zeit fällt es einem schon ein bißchen schwer, immer frischen Stoff ranzuschaffen. Aber ich hab da meine Quellen auf dem Truppenübungsplatz, und der Bursche macht zivile Preise. Es bleibt genug für mich übrig.«

»Dir könnte es doch auch so gutgehen.« Birgit rückte noch ein wenig näher zu Thomas und legte ihm den Arm um die Schultern. »Norbert könnte gut noch einen Mitarbeiter brauchen, der ihm beim Verteilen hilft.«

Thomas schüttelte den Kopf mit einer Bewegung wie ein trotziges kleines Kind. »Ist nicht drin, Birgit. Ich verpfeife keinen, und wer will, der soll meinetwegen handeln, aber ich will nicht mehr. Hab gerade genug Ärger gehabt.«

»Ärger? Das bißchen? Sieh mal, Thomas, jetzt bist du siebzehn. Willst du da ewig nur mit dem kleinen Taschengeld auskommen, das deine Eltern dir großzügig überlassen? Ich dachte, das wird mal was mit uns beiden. Du gefällst mir, das weißt du doch.«

»Du mir auch«, versicherte Thomas und drehte den Kopf ein wenig seitwärts, damit er sie mit den Lippen erreichen konnte.

»Na, siehst du! Aber du denkst doch wohl nicht, daß ich mich mit einem Jungen aufhalte, der mir höchstens mal 'ne Cola spendieren kann, weil sonst das Geld nicht reicht? Nee, bei mir nicht! Sehe ich so aus?«

»Turteln könnt ihr auch nachher noch«, mischte Norbert sich ein. »Wenn ihr wollt, verschwinde ich sogar mal für 'ne Weile, ich will nicht kleinlich sein. Aber jetzt mal ernsthaft, Thomas! Ich könnte wirklich einen Teilhaber wie dich brauchen. Weißt du, die meisten Dealer sind doch so Gammeltypen, nicht alle, aber die meisten. Und da gibt es Leute, die wollen zwar ganz gern was kaufen, aber an die üblichen Leute trauen sie sich nicht ran, und mit denen lassen sie sich auch nicht gern sehen. Aber bei dir wäre das doch ganz anders. Wie du aussiehst — richtig solide. Guter Stall und so. Du wärst dein Geld wert, weißt du, und es gibt ein paar Lokale, da kann man nur so etwas wie dich hinschicken. Und ich lasse mich nicht lumpen. Das habe ich gar nicht mehr nötig. Ich weiß ja nicht, was dein Alter so verdient, aber wenn er brav ist, kannst du ihm in ein paar Wochen ein regelmäßiges Taschengeld zahlen, damit er sich auch mal was leisten kann.«

Thomas wischte sich mit den Fingerspitzen über die Stirn, als wollte er etwas zur Seite schieben. »Nein, ich habe euch gleich gesagt, das ist bei mir nicht mehr drin. Ich bin nur froh, daß es halbwegs gut gegangen ist, als sie mich einmal dabei erwischt haben.«

»Da hast du dich ja auch so dämlich angestellt, daß es schon beinahe strafbar war! Wenn du richtig einsteigst, dann lerne ich dich auch so an, daß solche Pannen nicht mehr vorkommen können, darauf kannst du dich verlassen. Schließlich kann ich es mir auch nicht leisten, daß meine Mitarbeiter geschnappt werden. Das könnte ja gefährlich werden, und dazu gefällt mir mein Leben jetzt viel zu gut.«

»Ich will aber nicht«, beharrte Thomas und griff nach seinem Glas, sah, daß es leer war und hielt es Norbert auffordernd hin. Der schenkte es randvoll mit Weinbrand, und Thomas trank es auf einen Zug aus.

»Ich will aber nicht«, erklärte er, und es klang weniger entschlossen als trotzig.

»Dann eben nicht«, lenkte Norbert ein. »Zwingen können wir dich nicht. Aber du bist ganz schön dämlich, wenn du auf einen Haufen Geld verzichtest, den du praktisch ohne Mühe verdienen könntest.«

»Ich will nicht«, wiederholte Thomas und schob Norbert sein Glas zu.

Wieviel Zeit vergangen war, wußte Thomas nicht, als er wieder wach wurde. Er begriff nicht gleich, wo er sich befand, und sah sich in dem fast dunklen, nur von einer kleinen Nachttischlampe erhellten Raum um, bis sein Blick an Norbert haften blieb, der noch immer in seinem Sessel saß und ihn beobachtete.

»Na, ausgeschlafen?«

Thomas richtete sich mühselig auf, verzog das Gesicht und griff nach seinem Hinterkopf. »Eiwei, habe ich einen Brummschädel! Was für ein Teufelszeug habe ich denn da nur zusammengetrunken?«

»Alles gute Ware. Vielleicht war's ein bißchen viel für dich und ein bißchen durcheinander, aber du konntest ja nicht genug kriegen.«

»Wie spät ist es denn schon?«

»Zwei Uhr morgens.«

»Mensch, meine Eltern!«

»Die beruhigen sich auch wieder.«

Thomas stand auf. »Birgit nicht mehr hier?«

»Meinst du, die übernachtet bei mir?«

»Ich verschwinde jetzt. Vielleicht komme ich zu Hause so rein, daß mich keiner hört, dann kann ich morgen wenigstens ein paar Stunden runterschwindeln.«

»Baby!«

»Jeder ist eben nicht so frei wie du.«

»Könntest du ja auch haben. Du brauchst nur bei mir einzusteigen. Ich hab's dir angeboten, und das gilt immer noch.«

»Und ich hab dir gesagt, daß ich nicht will.«

Plötzlich veränderte Norbert seinen Ton. »Ob du willst oder nicht, das ist mir ziemlich schnuppe, weißt du. Ich bin überzeugt, du wirst mitmachen.«

»So kann der Mensch sich irren.«

»Komm, trink 'ne Cola«, sagte Norbert. »Ein paar Minuten müssen wir uns ja doch noch unterhalten.«

Thomas trank.

»Du machst bestimmt mit«, behauptete Norbert. »Schließlich hast du bald deine Verpflichtungen, und da brauchst du schon ein bißchen Geld, wie ich die Lage beurteile.«

»Wie meinst du das?«

»Birgit kriegt 'n Kind von dir.«

»Soll das vielleicht ein Witz sein? Gut ist er nicht.«

»Wenn ich's doch sage!«

Mit einemmal war Thomas hellwach und spürte nichts mehr von seinem schmerzenden Schädel. »Jetzt halt die Luft an, Norbert, ja? Meinst du vielleicht, ich bin noch nicht aufgeklärt?«

»So was passiert auch Aufgeklärten.«

»Weiß ich. Aber ich weiß auch, daß Kinder nicht plötzlich von selbst kommen. Und ich habe mit Birgit nie was gehabt, das weißt du so gut wie ich.«

»Hast du doch. Ich kann's bezeugen, ich hab's gesehen.«

Thomas trat auf ihn zu. »Ein verdammter Lügner bist du!«

Norbert verzog keine Miene. »Stimmt. Bin ich. Ich weiß auch, du hast nichts mit ihr gehabt. Hättest zwar gern, aber es war nichts, ich weiß.«

»Na also! Was soll dann der Quatsch!«

»Ob es wahr ist oder nicht, das spielt doch überhaupt keine Rolle, Thomas. Wahr ist immer das, was die Leute glauben. Und wenn Birgit es sagt und ich es bezeuge, was meinst du dann, wem sie wohl glauben werden? Deine liebe Mutter zum Beispiel?«

»Ihr Schweine!«

»So würde ich aber mit meinem Partner nicht reden, du!«

»Ich bin nicht dein Partner, und ich werde es auch nicht.«

»Brauchst du nicht. Wir werden dich nicht zwingen. Aber wenn du jetzt gehst und ich nicht den Eindruck habe, daß du gefälligst tust, was ich von dir erwarte, dann ruft morgen nachmittag um vier Birgit bei euch zu Hause an und holt sich bei deiner Mutter einen Rat, was sie denn nun um alles in der Welt mit dem kommenden Enkelkindchen anfangen soll.«

»Wenn du meinst, du könntest mich damit erpressen, dann hast du dich getäuscht. Schließlich kann jeder Arzt feststellen, ob ein Mädchen ein Kind kriegt oder nicht.«

»Stimmt. Dann würde ich doch an deiner Stelle Birgit beim Händchen nehmen und mit ihr zum Arzt gehen. Der wird es dir gern bestätigen.«

»Und wenn schon. Von mir ist es jedenfalls nicht, weil es das gar nicht sein kann!«

»Möglich. Aber das kann dir der Arzt nun wieder nicht bestätigen. Beim besten Willen nicht. Es kommt dann wirklich nur darauf an, was Birgit sagt, und sie hat mich als Zeugen.«

»Aber ich lasse dich dann hochgehen.«

»Genau das glaube ich dir nicht. Stell dir mal den Skandal vor. Papa, Thomas! Deine Mutter kriegt Zustände, darauf kannst du dich verlassen. Und die Schule hat werdende Väter auch nicht so gern, zumal Birgit erst in vierzehn Tagen sechzehn wird, nicht wahr?«

Thomas kaute an der Unterlippe. »Wenn ich nicht genau wüßte, daß du stärker bist als ich, würde ich dir jetzt ein paar in die Fresse hauen.«

»Aber ich bin stärker.«

»Ich gehe jetzt.«

»Guten Heimweg. Ich bin übrigens morgen von zwei bis zehn vor vier hier und warte auf dich. Ich will dir schließlich noch eine Chance geben. Man muß immer fair sein. Und um vier geht Birgit dann in die Telefonzelle schräg gegenüber. Eure Nummer hat sie sich schon aus dem Telefonbuch rausgeschrieben.«

Thomas sagte nichts mehr.

Die frische Nachtluft schlug auf ihn ein, und er fühlte, wie betrunken er war. Es konnte keine Rede davon sein, alles in Ruhe durchzudenken und zu einem vernünftigen Entschluß zu kommen. Er konnte gar nicht denken, ihm wurde übel.

Unter einer Laterne mußte er sich übergeben, und es war ihm schrecklich peinlich, daß in diesem Augenblick ein Auto vorbeifuhr und für ein paar Sekunden die Scheinwerfer aufblendete.

Dann ging er weiter, und er fühlte, daß seine Stirn feucht war, hatte das Gefühl, die Beine ließen sich nicht in die Richtung zwingen, in die er gehen wollte, bemühte sich, einen schnurgeraden Kurs immer einen halben Meter vom Bordstein entfernt einzuhalten.

Er zögerte, als er vor seiner Haustür stand, schloß dann doch auf und mühte sich, die Treppen lautlos hinaufzusteigen, doch er merkte selbst, daß es ihm nicht gelang. Vermutlich weckte er das ganze Haus, als er über die vorletzte Stufe stolperte, sich aufrappelte und nach dem Schlüssel für die Wohnungstür suchte.

Sie wurde geöffnet, ehe er den Schlüssel gefunden hatte. Sein Vater stand im Morgenrock unter der Tür, ließ ihn herein und zog ihn mit sich in die Küche.

»Woher kommst du denn, Thomas?« fragte er leise. »Um diese Zeit! Und du bist ja völlig betrunken!«

Thomas grinste ihn an, als habe er einen guten Witz erzählt.

»Gefeiert haben wir, nur ein bißchen gefeiert. Du hast ja keine Ahnung, was man alles feiern kann. Keine Ahnung hast du!«

»Geh jetzt schlafen, Thomas!«

Er schlief wirklich, und als er am Vormittag aufwachte, brummte sein Schädel noch stärker als gestern. Aufmerksam betrachtete er sich im Spiegel. Das Gesicht wirkte ein wenig verschwommen. »Mies!« sagte er zu seinem Spiegelbild. »Richtig mies!« Dann ging er ins Bad und ließ Wasser in die Wanne laufen.

Erst als er sich im zu heißen Wasser räkelte, fiel ihm Norbert wieder ein. Dieser Lump! Und daß Birgit dieses Spiel mittrieb ... Sie kriegte also ein Kind. Wahrscheinlich von Norbert. Der hatte ja Geld und konnte ihr mehr als eine Cola bieten ...

Was tun?

Thomas konzentrierte sich auf diese Frage. Vielleicht war es am besten, er kam dem Anruf zuvor und sprach mit seinen Eltern. Gleich jetzt am Frühstückstisch. Nein, unmöglich! Vor den Schwestern und der Mutter, das ging nicht. Besser nur mit dem Vater? Aber der besprach ja doch gleich alles mit der Mutter, die mit den Schwestern, und das kam dann auf dasselbe heraus.

Und ob sie ihm glaubten?

Die anderen hatten längst gefrühstückt. Für ihn stand etwas in der Küche bereit, und die Mutter drehte sich nicht einmal um, als er hereinkam. Auch am Mittagstisch wurde kein Wort gesprochen. Alle schienen nur mit eisiger Mißbilligung zu beobachten, wie Thomas auf seinem Teller herumstocherte und kaum etwas aß. Aber kein Wort, kein Vorwurf, keine Frage. Nichts. Man hielt es wohl für zwecklos, hatte ihn abgeschrieben, versprach sich nichts mehr von Worten.

Nach dem Essen ging Thomas in sein Zimmer und versuchte zu arbeiten. Aber er klappte die Bücher bald wieder zu, sah aus dem Fenster, legte sich auf sein Bett, schloß die Augen, konnte nicht einschlafen, wollte es auch nicht. Immer wieder sah er auf die Uhr. Schon halb drei. Nur noch anderthalb Stunden.

Er stand auf, ging zur Tür, wollte ins Wohnzimmer hinübergehen, ließ es bleiben.

Um halb vier schlich er aus der Wohnung, lief die Treppe hinunter, jagte die Straße entlang. Bis zu Norbert brauchte er eine knappe Viertelstunde.

»Mensch, Norbert, das könnt ihr doch nicht machen!«

»Wir können!«

»Ich zeige euch an!«

»Bitte!«

»Wo ist Birgit?«

»Nicht hier.«

»Ruft sie etwa schon an?«

»Nein. Ich habe ihr gesagt, sie soll es ein bißchen verschieben und vorher noch einmal bei mir nachfragen. Ich war sicher, du würdest kommen.«

Kurz nach vier ging Thomas wieder. Er hatte ein paar winzige Päckchen in der Tasche, und als er an derselben Laterne wie in der letzten Nacht vorbeikam, hatte er das Gefühl, er müsse sich wieder übergeben.

Polizist: Haben Sie danach eine Veränderung an ihm bemerkt?

Michael: Er war völlig verändert.

Polizist: Wie äußerte sich das?

Michael: Er war sehr nervös und dabei gleichgültig. In der Schule spurte er gar nicht mehr, und er wirkte irgendwie verwahrlost.

Polizist: Kannten Sie den Grund?

Michael: Zuerst nicht, dann ja.

Polizist: Unternommen haben Sie nichts?

Michael: Nein.

Bisher hatte Thomas kaum geraucht, jetzt entwickelte er sich zum Kettenraucher. Bei jeder Gelegenheit zündete er sich eine Zigarette an, und er rauchte hastig, nervös, warf die Zigaretten zumeist nach ein paar Zügen schon wieder fort.

Hausaufgaben erledigte er nicht mehr. Manche schrieb er schnell noch morgens in der Schule ab, doch wenn ihm das nicht gelang, bekümmerte es ihn nicht sehr. Er hatte sie dann eben nicht, und alle Vorwürfe, Tadel, Eintragungen ins Klassenbuch quittierte er mit einem Lächeln, das nicht mehr sein altes Lächeln war. Es wirkte nicht mehr so strahlend, sondern müde, wegwerfend, gleichgültig.

Es ist nicht richtig, wenn ich sage, ich hätte nichts unternommen. Ich habe es versucht. Ich wollte mich mit Thomas unterhalten, wollte gründlich mit ihm sprechen, wollte sehen, ob sich da etwas zurechtbiegen ließe. Aber er wies mich sehr kurz angebunden zurück: Ich solle mich um meine eigenen Angelegenheiten kümmern, mit seinen werde er schon allein fertig.

Ich wollte mich nicht so abspeisen lassen und drang weiter in ihn. In der nächsten Stunde saß er nicht mehr neben mir. Er hatte sich einen neuen Platz gesucht, schräg hinter mir, und ich konnte ihn nur sehen, wenn ich mich umdrehte.

Aber ich drehte mich nicht mehr nach ihm um. Wenn er es nicht anders haben wollte . . . Ich merkte, daß es mir leid tat. Ich mochte ihn noch immer. Wenn ich Karin nicht gehabt hätte, dann wäre ich wahrscheinlich nicht so leicht abzuschütteln gewesen.

Es muß vierzehn Tage später gewesen sein, beim Sportunterricht. Da stand Thomas neben mir, und ich sah seinen nackten Arm und fünf, sechs kleine rote Punkte über den Adern, wie winzige, frisch verkrustete Wunden.

»Mensch, Thomas, dein Arm . . .«

»Mückenstiche«, sagte er unsicher. »Ich hab gekratzt. Das kann ich mir nicht abgewöhnen.«

Aber gleich darauf zog er die Trainingsjacke über und turnte nicht mehr mit.

Mückenstiche!

Wieder kurze Zeit später hatte Thomas drei oder vier Tage in der Schule gefehlt, und als er den ersten Tag wieder da war, fragte ich ihn: »Na? Krank gewesen?«

»Nee, verreist. Norbert hat jetzt einen Wagen, wir waren nur mal schnell in Amsterdam.«

»Sind deine Eltern großzügig geworden?«

»Die frage ich nicht mehr.«

Hin und wieder wechselten wir noch ein paar Worte, aber eben nur so, wie es in einer Klasse unvermeidlich ist. Als Freunde konnte man uns bestimmt nicht mehr bezeichnen, und kein Mensch sagte noch »Black and White« zu uns.

Zu ausführlichen Gesprächen hatte ich auch keine Lust mehr. Ich wollte möglichst wenig wissen, wollte in nichts hineingezogen werden. Außerdem brauchte Thomas mir gar nichts zu erzählen. Ich war ja nicht so unbedarft, daß ich mir meinen Reim nicht allein machen konnte. Norbert. Mückenstiche am Arm. Reise nach Amsterdam. Mensch, Thomas! Und ich hatte einmal geglaubt, genau wie alle anderen in der Klasse, du wärst etwas Besonderes. Ich glaube, damals habe ich Thomas sogar fast gehaßt, weil ich so enttäuscht von ihm war. Aber ich kam bald darüber hinweg, und dann war er mir gleichgültig. Oder ich redete es mir ein, obwohl es nicht ganz stimmen konnte, sonst wäre ich im Sommer nicht so betroffen gewesen.

Die Zeitungen machten viel davon her. So dick stiegen sie sonst selten ein, aber Hasch und alles, was damit zusammenhing, war ja ein Lieblingsthema. Wenn es da etwas zu berichten gab, dann strengten sich die Journalisten an. Man konnte den Bürgern dieses angenehme Gefühl »Wir haben's ja schon immer gesagt« eingeben, und vielleicht konnte man auch ein wenig abschreckend wirken. Ich glaube das zwar nicht, aber vielleicht die Journalisten.

Was heißt hier schon abschrecken? Wenn so etwas passiert, fühlen sich die Leser nicht gemeint. Ihnen selbst kann so etwas gar nicht widerfahren, da sind sie sicher. Man liest solche Berichte mit einem angenehmen Gruseln, vergißt sie, aus. Ich las es am Frühstückstisch.

»ERFOLGREICHE RAZZIA

Öffentlichkeit und Behörden verfolgen mit wachsender Besorgnis den ständig zunehmenden Drogenmißbrauch, der in den letzten Jahren bedenkliche Ausmaße annimmt. Vor allem Jugendliche greifen nach Giften, die noch vor wenigen Jahren in der deutschen Kriminalstatistik eine nur unbedeutende Rolle spielten. Haschisch wird in Diskotheken und auf

Schulhöfen gehandelt, und die Konsumenten werden immer jünger. Glaubte man noch vor kurzem, diese Modeerscheinung habe vor allem ältere Jugendliche ergriffen, so stellen Jugendämter, Polizei und Ärzte jetzt besorgt fest, daß der Kundenkreis sich schon bis zu den achten Klassen erstreckt. Drastische Maßnahmen erscheinen notwendig, um unkontrollierbare Gefahren zu vermeiden.

Diesem Zweck diente auch die Razzia, die gestern von der Polizei in Verbindung mit dem Jugendamt in einer unter den Jugendlichen unserer Stadt sehr beliebten Diskothek durchgeführt wurde.

In der Tat konnten dabei drei jugendliche Drogenhändler festgenommen werden, die gewisse Mengen von Haschisch und LSD bei sich trugen. Einer von ihnen ist der Polizei bereits einschlägig bekannt, doch scheint seine erste Festnahme, die schon einige Zeit zurückliegt, ihn nicht zur Besinnung gebracht zu haben.

Die festgenommenen Jugendlichen wurden nach eingehender Vernehmung ihren Eltern überstellt und haben mit einem Strafverfahren zu rechnen.

Besorgte Eltern, die um ihre eigenen Kinder bangen, haben kein Verständnis mehr dafür, wenn solche gewissenlose Händler mit Samthandschuhen angefaßt werden. Die Strafen sollten dem angerichteten Schaden angemessen sein und zugleich streng genug ausfallen, daß eine abschreckende Wirkung von ihnen ausgeht.«

Ich dachte sofort an den »Walfisch«. Eine andere Diskothek konnte in unserer Stadt schwerlich gemeint sein, und ich war sicher, daß ich den einen oder anderen der drei Festgenommenen kennen würde. Einen Augenblick dachte ich auch an Thomas, aber es gab noch viele andere, die gelegentlich oder regelmäßig handelten. Er mußte nicht unter denen sein, die man erwischt hatte. Der Blitz schlägt nicht zweimal in dasselbe Haus.

Thomas war auch in der Schule. Ich sah ihn gleich, als ich zur Klassentür hineinkam, und ich war erleichtert.

In der Pause kam Thomas auf mich zugeschlendert. Das

wunderte mich, denn wir hatten uns jetzt schon lange nicht mehr unterhalten.

»Jetzt werdet ihr mich wohl bald los sein«, sagte er, und sein Lächeln war um Selbstsicherheit bemüht.

»Wieso?«

»Mich haben sie gestern im ›Walfisch‹ geschnappt. Pech. Fünf Minuten zu früh sind sie gekommen, sonst hätten sie auch die letzten paar Gramm nicht mehr gefunden, dann hätte ich sie alle abgesetzt gehabt. Erst sah es so aus, als wollten sie gar nichts von mir. Sie haben ein paar andere Typen vorgenommen und durchsucht, an mir sind sie zweimal vorbeigegangen. Aber dann war da einer, der kannte mich noch vom letztenmal, der hatte damals auf der Wache rumgesessen. Er hat die anderen auf mich aufmerksam gemacht. Da war's eben passiert.«

»Wieviel haben sie denn gefunden?«

»Kaum was.«

»Dann konntest du doch sagen, es gehöre dir. Damit können sie dir noch lange nicht nachweisen, daß du auch was verscheuert hast.«

»Kluges Köpfchen. Hab ich ja auch gesagt. Aber da hatten sie gerade einen anderen erwischt, so 'nen ganz Feinen, der anscheinend zum erstenmal drin war. Der hat gesagt, er hätte seinen Würfelzucker von mir gekriegt. Da kann man nicht mehr viel machen.«

»Und nun?«

»Diesmal wird's wohl nicht so glimpflich abgehen. Bei der Polizei haben sie gemeint, ich sollte mich ruhig schon auf ein paar Monate Urlaub einrichten.«

»Gefängnis, meinst du?«

»Was denn sonst?«

»Und da bist du so ruhig, als wäre alles in bester Ordnung? Knast ist doch kein Sonntagsausflug.«

»Soll ich heulen? Ändern kann ich's ja nicht mehr.«

»Und deine Eltern?«

»Kannst du dir doch denken.«

»Hast du denn wenigstens ausgepackt auf der Polizei?

Mensch, Thomas, du kannst doch nicht einfach so tun, als ginge das alles dich gar nichts an! Schließlich bist du doch nicht von selbst auf den Kram gekommen. Da haben andere ganz schön mitgeholfen. Willst du dich jetzt einbuchten lassen, und Norbert lacht sich ins Fäustchen und macht munter weiter? Oder haben sie den etwa auch geschnappt?«

»Nein, den nicht.«

»Und? Hast du gesagt, woher du den Stoff gekriegt hast?«

»Ich verpfeife keinen. Die Polizisten kriegen ihr Gehalt dafür. Soll ich denen vielleicht die Arbeit abnehmen?«

Ich sah ihn ungläubig an. »Thomas, so dumm kann überhaupt keiner sein! Du badest die Sache aus, und dem, der alles angefangen hat, soll gar nichts passieren! Vielleicht kommst du sogar besser weg, wenn die bei Gericht den Eindruck haben, daß du ein für allemal reinen Tisch machen willst.«

Er schüttelte den Kopf. »So einfach ist das nicht, Michael. Wenn ich auspacke, dann sitze ich nur noch mehr in der Patsche. Das habe ich mir genau überlegt. Sieh mal, was können sie mir jetzt schon groß nachweisen? Einen einzigen Kunden von mir haben sie erwischt. Der kann mich belasten, sonst keiner. Aber wenn ich Norbert da mit reinziehe und der fängt dann vielleicht an zu erzählen ... Meinst du, ich habe Lust, aus den paar Monaten zwei Jahre zu machen?«

So eindringlich ich konnte, redete ich auf ihn ein, versuchte ihn zu überzeugen, daß er unrecht habe. Jetzt sei die richtige Gelegenheit, wirklich und endgültig mit allem Schluß zu machen.

Er hörte mir aufmerksam zu, und sein Gesicht war so nachdenklich, daß ich vorübergehend glaubte, ich hätte wirklich Eindruck auf ihn gemacht und er werde sich alles noch einmal gründlich überlegen.

Aber dann schüttelte er den Kopf. »Nein, Michael. Ausgeschlossen! Da ist noch etwas anderes, und wenn die das wirklich zur Sprache bringen, dann ...«

»Was denn? Mir kannst du's doch sagen, Thomas!«

»Eben nicht!«

In diesem Augenblick läutete es, die Pause war vorüber, und als ich nach der nächsten Stunde weiter mit ihm reden wollte, wich er mir aus. Auch in den nächsten Tagen blieb das so. Aber die Gelassenheit, die er anfangs zur Schau gestellt hatte, bröckelte ab. Er wurde immer nervöser, immer unruhiger, und in seinen Augen war manchmal die pure Angst.

Ich wollte ihm gern helfen. Aber wie konnte ich das, wenn er sich nicht helfen lassen wollte, wenn er nicht einmal bereit war, sich selbst zu helfen, so gut es eben ging? Ich wußte nicht weiter, aber dann kam mir ein Gedanke.

Angefangen hatte eigentlich alles mit Klaus, mit dem Studenten, bei dem wir damals gemeinsam zuerst Hasch geraucht hatten. Klaus war klug. Vielleicht fiel ihm eine Lösung ein.

Am Abend suchte ich ihn auf. Er öffnete und sah mich erstaunt und ein wenig verlegen an, doch er ließ mich eintreten. Niemand war bei ihm, und auf seinem Tisch lagen Bücher aufgetürmt. Offenbar steckte er gerade mitten in der Arbeit.

»Du, Klaus«, sagte ich, »ich brauche was von dir.«

Er deutete mit einer Handbewegung auf einen Stuhl und schüttelte zugleich den Kopf. »Wenn du etwas brauchst, bist du bei mir an der falschen Adresse, Kleiner. Die Zeiten sind vorbei. Weißt du, man muß auch irgendwann einmal erkennen, wenn man auf dem Holzweg ist, und dann muß man eben umkehren, klar?«

»Ich glaube, du verstehst mich falsch, Klaus«, warf ich ein. »Ich will kein Hasch von dir oder so was. Nur einen Rat brauche ich, weiter nichts.«

»Um was dreht es sich denn?«

»Nicht um mich. Um Thomas. Den haben sie beim Dealen geschnappt, verstehst du? Er kommt vor Gericht. Und sie lochen ihn bestimmt ein, weil es ja schon zum zweitenmal ist. Stell dir das vor! Ausgerechnet Thomas! Dann ist doch seine ganze Zukunft versaut, wie die Verhältnisse nun mal sind!«

»Und was kann ich dabei tun?«

»Weiß ich nicht. Ich dachte nur, du weißt vielleicht etwas.

Du hast uns das damals alles so schön erklärt mit dem Haschen und so. Man könnte die Welt damit verändern, oder wenigstens die Gesellschaft. Und jetzt dachte ich, vielleicht könntest du wenigstens für Thomas etwas ändern, verstehst du?« Klaus schüttelte den Kopf. »Das war ja eben der Irrtum, Kleiner. Verändern, gut und schön. Das muß sein. So wie alles ist, kann es nicht bleiben. Davon bin ich nach wie vor überzeugt. Nur — der Weg, den wir uns da ausgedacht hatten, der war falsch. Das war eben der Holzweg, verstehst du? Wer hascht oder schnupft oder kokst oder spritzt, der verändert nichts mehr. Der sieht die Probleme nicht mehr. Und wenn er sie sieht, dann sind sie ihm gleichgültig. Er findet sie vielleicht nach wie vor betrüblich, aber er weicht aus. Er zieht sich zurück in seinen Traum, in seinen Rausch. Er nimmt Urlaub von den Problemen. Träume sind gut. Die Welt wird von den Träumen vorangetrieben. Aber es müssen die Träume sein, die Anstöße geben. Ich habe geglaubt, die Drogen führten uns zu einer neuen Art von Erkenntnis und damit zu einer neuen Art des Handelns. Aber das ist falsch. Sie führen uns nur zur Gleichgültigkeit, zum Nicht-mehr-handeln-Wollen. Sie sind nicht revolutionär, sondern das Gegenteil, sie machen die Revolution unmöglich. Wenn eine Gesellschaft sich aller jungen Unzufriedenen entledigen will, dann braucht sie ihnen eigentlich nur Hasch und LSD zu geben. Dann sehen sie vor lauter bunten Träumen nicht mehr, wie grau diese Welt ist. Wenn wir wirklich etwas ändern wollen, dann sind Hascher nicht unsere Freunde, sie sind unsere Gegner!«

»Das klang aber früher ganz anders.«

»Ich sage dir doch, das war ein Irrtum. Man muß Fehler erkennen und aus ihnen lernen.«

»Und warum hast du das nicht auch Thomas gesagt? Warum hast du ihm etwas eingeredet? Jetzt sitzt er mächtig in der Klemme. Ich will dir gar nicht vorwerfen, daß du schuld daran seist, das nicht. Aber so ein klein bißchen mitschuldig . . .«

»Ich weiß. Es bedrückt mich auch. Aber wir machen alle Fehler, die sich dann nicht mehr ausbügeln lassen. Die Hauptsache ist doch, daß man sie nicht wiederholt, wenn man sie einmal als Fehler erkannt hat.«

»Aber Thomas geht in den Knast, und das kann er dann auch nicht wieder gutmachen.«

»Ich kann es nicht ändern. Ich möchte ihm ja gern helfen, aber weißt du einen Weg?«

»Nein, darum bin ich ja zu dir gekommen.«

»Dann hast du mich leider überschätzt.«

»Ja, es sieht so aus.«

Es war sinnlos.

Und dann sagte Thomas eines Tages: »Morgen komme ich nicht zur Schule. Verhandlung. Drück mir die Daumen, ja?«

Die Verhandlung war erst am Nachmittag um zwei Uhr, und ich bin zum Gericht gefahren, aber ich durfte nicht rein. Geschlossene Vorstellung sozusagen, weil es vor dem Jugendrichter war.

Gegenüber vom Amtsgericht war eine kleine Kneipe. Ich ging hinein, bestellte eine Cola und wartete. Sogar auf meine Verabredung mit Karin hatte ich heute verzichtet. Ich wollte gleich wissen, wie es Thomas ergangen war. Sie konnten ihn doch nicht wirklich verurteilen!

Was hatte er denn schon groß getan? Er hatte ein paar Leuten das verschafft, was sie unbedingt haben wollten, weiter nichts. Hätte er es ihnen nicht verkauft, dann wäre es ein anderer gewesen. Das war überhaupt kein Problem. Ich war ganz sicher, daß es zumindest an unserer Schule keinen einzigen Vierzehnjährigen gab, der nicht genau wußte, wo er sich den Stoff beschaffen konnte, wenn er welchen haben wollte.

Und diejenigen, die es mit Tabletten machten? In jeder Apotheke gab es das Zeug zu kaufen. Ohne Rezept zum größten Teil. Bei uns in der Schule gab es eine ganze Menge Jungen und Mädchen, die ständig ihre Tablettenröhrchen in der Tasche hatten. Die einen hielten es mit Aufputschmitteln, die anderen mit Schlaftabletten. Ordentlich und einwandfrei in der Apotheke gekauft.

Warum stellten sie Thomas vor Gericht? Warum nicht auch

die Apotheker? Und dann die Schnüffler. Davon kannte ich auch zwei. Die nahmen keine richtigen Drogen, die kümmerten sich auch nicht um Tabletten. Sie schnüffelten einfach Dämpfe von Äther, von Benzin, von bestimmten Klebstoffen, und sie wurden ganz schön high dabei, wenn auch nur für ziemlich kurze Zeit.

Tausend Möglichkeiten gab es für jeden, der den Rausch wollte. Keiner war auf Thomas angewiesen.

Warum stellten sie ihn vor Gericht?

Es sah fast so aus, als könnten sie sich da drüben kaum einigen. Ich saß schon zwei Stunden, hatte die dritte Cola getrunken, mir sogar eine Packung Zigaretten gekauft und sie schon halb leer geraucht, und noch immer war nichts von Thomas zu sehen.

Ob sie ihn gleich behielten?

Aber seine Eltern waren doch bestimmt bei der Verhandlung, und die waren auch noch nicht aufgetaucht.

Ich hatte bei jeder Cola gleich gezahlt, damit ich mich nicht aufzuhalten brauchte, wenn Thomas herauskam.

Und dann sah ich ihn. Zwischen seinen Eltern kam er aus dem Amtsgericht. Es sah aus, als würde er abgeführt. Ich lief aus dem Lokal und rannte dicht vor einem Auto über die Straße.

»Thomas!«

Alle drei drehten sich nach mir um. Frau Dirks hatte geweint, man sah es deutlich. Herr Dirks sah sehr ernst aus. Thomas versuchte ein Lächeln, das mißlang.

»Thomas, wie ist es ausgegangen?« fragte ich.

»Vier Monate«, sagte er. »Mit Bewährung. Zu sitzen brauche ich nicht.« Und nach einem kleinen Zögern fügte er hinzu: »Vielen Dank, daß du gekommen bist, Michael.«

»Sonst werden wohl nicht mehr viele mit dir reden wollen«, warf Herr Dirks bitter ein, während er schon weiterging. Thomas folgte seinen Eltern, wandte sich noch einmal um und winkte mir zu.

Morgen in der Schule mußte er mir alles genau erzählen.

Aber er kam nicht. Er kam überhaupt nicht mehr. Nach der

gerichtlichen Bestrafung war er aus der Schule gewiesen worden, wie man uns mit drohendem Unterton erklärte.

Eigentlich wollte ich am Nachmittag zu ihm gehen, oder doch wenigstens noch in derselben Woche, aber ich kam dann nicht dazu. Ich war jeden Tag mit Karin unterwegs.

Zwei Tage nach der Verurteilung las ich übrigens in der Zeitung, Herr Dirks sei zum Amtmann befördert worden. Wenigstens eine Freude für seine Frau!

Polizist: Sie wissen, daß er wegen Drogenhandels bedingt verurteilt worden ist?

Michael: Ja, weiß ich.

Polizist: Hatten Sie danach noch Kontakt mit ihm?

Michael: Ich habe ihn wochenlang nicht gesehen.

Polizist: Und Sie wissen auch nicht, was er in dieser Zeit getrieben hat?

Michael: Nein, er war ja nicht mehr in unserer Schule, und da hat sich die Verbindung ganz von selbst gelockert.

Polizist: Sie haben die Verbindung nicht wegen seiner Verurteilung absichtlich gelöst?

Michael: Nein! Warum sollte ich?

Polizist: Wie haben Sie denn sonst darauf reagiert?

Das geht Sie gar nichts an, Herr Polizeimeister. Warum fragen Sie überhaupt danach? Es ist meine Privatangelegenheit, und ich denke nicht daran, Ihnen etwas zu erzählen, was ich keinem anderen erzählt habe, nicht Karin, nicht meinen Eltern, nicht Thomas. Keinem!

Als ich am Nachmittag nach der Verhandlung nach Hause kam, habe ich mich auf mein Bett gelegt und nachgedacht. Und plötzlich habe ich geheult. Es hat mich selbst überrascht, und ich hätte keinen Grund dafür nennen können.

Ich habe geweint, und es war lange her seit dem letztenmal. Aber ich weiß nicht einmal genau, ob es wegen Thomas war oder nur so. Ich weiß es wirklich nicht.

Und ich erinnere mich nicht gern daran.

Polizist: Haben Sie ihn danach gar nicht mehr gesehen? Ich meine, bis heute nicht?

Michael: Doch, nach ein paar Wochen bin ich ihm begegnet. Es war auf der Straße, ganz zufällig.

»Mensch, Michael, daß man dich auch mal wieder sieht!« Er ließ die Hand von hinten auf meine Schulter niedersausen, und ich fuhr erschrocken herum. Er sah blendend aus. Gepflegt, blitzend, wie frisch gebadet. Ganz der alte Thomas, den wir alle ein bißchen bewundert hatten.

Ich stotterte: »Ich wollte dich immer mal besuchen, aber du weißt ja, wie das ist. Man hat eben soviel anderes zu tun . . .«

»Immer noch Karin?«

»Klar.«

»Du magst sie wirklich, wie?«

»Genau wie du damals Sabine.«

»Das ist aber ein Unterschied. Karin mag dich offenbar auch, und bei Sabine war das eben anders. Gar nicht so unwichtig, finde ich.«

»Was treibst du denn jetzt?« Ich wollte möglichst schnell das Thema wechseln, merkte aber auch, daß ich mich wirklich freute, weil ich wieder einmal mit Thomas sprechen konnte.

»Ich? Ach, weißt du, erst wollte ich die Schule wechseln, aber in unserer Stadt nimmt mich keine mehr. Ganoven sind unerwünscht.«

»Du bist doch kein Ganove.«

»Das sagst du. Ich habe dann daran gedacht, einfach ganz mit der Schule aufzuhören und irgendeine Lehrstelle anzunehmen, Verwaltung oder so was, wie mein Vater. Aber dafür reicht's auch nicht mehr. Die gucken einen an, als hätten sie Angst, man wollte ihnen den Schreibtisch klauen.«

»Und nun?«

»Doch weiter zur Schule. In ein Internat. Ist schon alles klar. Aber ich fange erst nach den nächsten Ferien an, und so lange versuche ich, mich selbst ein bißchen auf dem laufenden zu halten, und sonst bummle ich eben.«

»Na, wird schon werden. Mir tut es wirklich leid, daß du nicht mehr bei uns bist, Thomas.«

»Ich weiß.«

Seltsam: Wir hatten uns nicht mehr viel zu sagen. Seit Thomas nicht mehr zu unserer Klasse gehörte, war er irgendwie fremd geworden. Ich dachte auch nicht mehr viel an ihn. Nur wenn ich ihm begegnete, so wie in diesem Augenblick, dann war es kurz wieder, als wäre alles noch beim alten.

»Wie geht's Norbert?«

»Weiß nicht. Ich habe ihn noch nicht wieder gesehen. Für den bin ich wahrscheinlich uninteressant geworden, seit er fürchten muß, daß die Polizei mich im Auge behält.«

»Und Birgit?«

»Hab ich auch nicht mehr gesehen. Vielleicht läßt sie sich augenblicklich auch nicht so sehr gern sehen.«

»Wieso nicht?«

»Weil sie 'n Kind kriegt. Ich denke, allmählich muß man's schon bemerken.«

»Ein Kind? Von wem denn?«

»Von mir jedenfalls nicht.« Und dann erzählte er, wie Norbert ihn erpreßt hatte, für ihn zu handeln. Von der Ruhe, die er bisher zur Schau gestellt hatte, war nicht mehr viel zu merken. »Deshalb konnte ich ihn doch auch bei der Polizei und vor Gericht nicht nennen, verstehst du? Der hätte es fertiggekriegt und wäre wirklich mit dieser Geschichte angekommen, und du kannst dir ja vorstellen, wem man geglaubt hätte! Mir jedenfalls nicht. Nicht mal meine Mutter hätte mir geglaubt, obwohl sie mich sonst immer noch wie einen kleinen Jungen behandelt. Aber wenn's was ist, was sie für eine Katastrophe hält, dann glaubt sie gern, daß ich schuld daran sein könnte.«

Ich war betroffen. »Mensch, Thomas, das kannst du doch nicht einfach so durchgehen lassen? Willst du wirklich, daß Norbert mit so einer Schweinerei davonkommt? Wenn du es wenigstens deinen Eltern erzählst, deinem Vater meinetwegen, dann könnt ihr doch zusammen überlegen, was ihr anstellen wollt. Merkst du denn gar nicht, daß dieser Lump dir dein Leben schon so ziemlich verpfuscht hat? Und das kann auch noch weitergehen, das weißt du genau. Und wenn er's nicht mehr mit dir macht, dann eben mit einem anderen. Mit Friedhelm oder so. Du kannst es überhaupt nicht verantworten, wenn du den Mund hältst!«

»Was heißt hier verantworten? Ich werde aber den Mund halten, verstehst du? Ich bin froh, wenn über die ganze Geschichte allmählich Gras wächst, das kannst du mir glauben.«

»Dann tue ich's eben!«

Er sah mich drohend an. »Du halt dich da gefälligst raus, Michael! Dich geht die ganze Sache gar nichts an.«

»Dabei kann es dir doch nur helfen!«

»Ich brauche keine Hilfe mehr, begreif das doch endlich! Ich kann ganz allein mit allem fertig werden. Und dann – stell dir das nicht so leicht vor, mein Lieber! Dieser Norbert ist ein gerissener Bursche und kann ziemlich hart sein. Wenn du deine Nase in seine Angelegenheiten steckst, garantiere ich nicht dafür, daß er sie dir nicht blutig schlägt. Das meine ich nur bildlich. Vielleicht kriegt dann Monika auch noch ein Kind, oder er läßt sich sonst was einfallen, womit er dich reinlegen kann. Er wird schon dafür sorgen, daß du dann auch ins Gerede kommst. Und das möchte ich auf keinen Fall, Michael. Eigentlich war es meine Schuld, daß du damals überhaupt mal mitgeraucht hast. Du hast eben Glück gehabt, du bist rechtzeitig wieder abgesprungen. Wenn du jetzt an der Geschichte rumfingerst, dann steckst du bald bis über den Hals drin, verlaß dich drauf.«

»Da werde ich schon aufpassen.«

»Ach was, aufpassen! Die Leute, mit denen du da zu tun hast, sind nun mal nicht von deiner Art, Michael. So mit Anstand und Fairneß und all solchen Dingen kommt man da nicht weit. Wenn du mich fragst, dann ist das überhaupt die größte Gefahr am Haschisch und allem, was damit zusammenhängt. Nicht der Stoff selbst, und der kann einen auch schon ganz schön mitnehmen; aber vor allem die Leute, mit denen du zwangsläufig in Berührung kommst. Die Kerle, die ihren Profit damit machen und sich einen Dreck darum kümmern, ob einer dabei vor die Hunde geht, weil er süchtig wird, weil er die Nase voll hat vom Leben, weil er nicht mehr in seine Umgebung paßt, weil er ausflippt.«

»Wenn du das wirklich meinst, Thomas, dann mußt du doch aber gerade versuchen, etwas gegen solche Leute wie Norbert zu unternehmen.«

»Bin ich die Polizei? Bin ich das Jugendamt? Bin ich die Regierung? Wer bin ich denn? Meinst du vielleicht, ein winziges Würstchen kann etwas gegen diese Kerle ausrichten? Die sind doch nicht allein. Die hängen zusammen wie die Kletten. Da paßt jeder auf, daß dem anderen nichts geschieht. Und wenn einer ihnen in die Quere kommt, wenn es brenzlig für sie wird, dann kennen sie allerlei Mittelchen, damit es nicht zu gefährlich werden kann. Ich war vielleicht ein Idiot, weil ich mitgemacht habe. Aber ich bin kein Held, weißt du. Ich will auch keiner sein. Nee, mein Lieber, mit mir nicht! Ich gehe brav in mein Internat, setze mich auf den Hosenboden, versuche das Abi hinzukriegen, irgendwie wird's schon klappen. Aber von dem ganzen Verein will ich nichts mehr sehen und nichts mehr hören, verstehst du?«

Ich war nicht befriedigt, aber ich war auch nicht mehr entschlossen, mich in diesen Fall einzumischen. Wahrscheinlich hatte Thomas recht. Es war gefährlich. Und was ging es mich im Grunde an? Ich saß nicht in der Klemme. Warum sollte ich mich selbst in Schwierigkeiten bringen, die nicht nötig waren?

Und wenn Thomas nun bald wegging in dieses Internat, dann war ja auch alles soweit in Ordnung, wie es wieder in Ordnung kommen konnte. Und die Strafe — da hatte ich mich erkundigt —, die war nicht ganz so schlimm, wie es sich jetzt anhörte. Die kam nicht ins Führungszeugnis, sondern mußte wieder gestrichen werden, wenn er nicht mehr Jugendlicher war. Abitur, Bund — dann war das Führungszeugnis schon wieder sauber, wenn er mal an die Uni gehen wollte. Das brauchte nicht für alle Zeiten ein Klotz am Bein zu bleiben. Im Grunde war er mit einem blauen Auge davongekommen. Warum sollte ich mir jetzt auch noch ein blaues

Auge holen? Und Thomas lag gar nichts daran. Er verbot es mir ja förmlich.

Kein Grund, sich Gedanken zu machen.

Polizist: Wußten Sie, was er zu dieser Zeit trieb?
Michael: Eigentlich gar nichts. Er wollte in ein Internat und wartete die Ferien ab.
Polizist: Regelmäßigen Umgang hatten Sie in dieser Zeit nicht?
Michael: Nein.

Plötzlich hatte Karin sich in den Kopf gesetzt, sie müsse unbedingt einmal den »Walfisch« kennenlernen. Bisher hatte sie danach nie verlangt, und als sie zum erstenmal mit diesem Vorschlag kam, lehnte ich so heftig ab, daß sie mich erstaunt ansah und schnell von etwas anderem sprach.

Ich wollte nicht mit ihr in die Diskothek gehen. Sie paßte dort nicht hin. Nicht Karin! Und ich wollte auch keine alten Erinnerungen auffrischen. Mit dem »Walfisch« hatte alles angefangen. Das Lokal selbst war daran freilich unschuldig, aber trotzdem . . .

Doch wenn ein Mädchen sich etwas in den Kopf gesetzt hat, treibt man ihm das nicht mit einer schroffen Ablehnung aus. Oder hat schon einmal jemand erlebt, daß so ein Mädchen nicht endlich doch seinen Willen durchsetzt? Mir ist noch immer nicht klar, wie sie es anstellen, aber sie schaffen es jedenfalls, und Karin beherrscht die Kunst meisterlich.

Also gingen wir eines Nachmittags doch in den »Walfisch«, und ich war ziemlich nervös. Hoffentlich lief uns jetzt nicht eine ganze Schar alter Bekannter über den Weg. Karin brauchte nicht zu wissen, wen ich hier alles kannte. Sie wußte nichts davon, daß ich mal etwas mit Hasch zu tun gehabt hatte, und sie mußte es auch nicht erfahren. Es war ja vorbei.

Der Laden hatte einen neuen Diskjockey, der mir besser gefiel als der frühere, und die neueste Musik war auch vorrätig. Eigentlich gefiel es mir ganz gut, und wir tanzten ziemlich viel. Karin tanzt prima.

In der ersten Stunde sah ich keinen, den ich von früheren Besuchen her kannte. Allmählich wich meine Nervosität, und ich fand den Nachmittag recht gelungen. Aber dann, als ich Karin gerade wieder einmal an den Tisch zurückgeführt hatte, als das Lokal auch ein wenig voller wurde, stand plötzlich Monika an unserem Tisch und streckte mir ziemlich unbefangen die Hand entgegen. »Na, Micky? Sieht man dich auch mal wieder?«

Es war mir schrecklich peinlich, denn ich hatte Karin kein Wort von Monika erzählt, und ich fürchtete, Monika könne verliebte Erinnerungen auskramen. Deshalb wollte ich sie auch möglichst kurz wieder verabschieden, aber Karin streckte ihr jetzt ebenfalls die Hand entgegen und sagte: »Du kannst dich zu uns setzen, wenn du willst. Hier ist noch Platz.«

›Hau ab, Monika!‹ dachte ich. ›Du bist doch bestimmt nicht allein hier. Sag jetzt, du würdest erwartet, und verschwinde!‹

Es mag ja sein, daß es Gedankenübertragung gibt, aber in diesem Falle klappte sie entweder nicht, oder Monika dachte gar nicht daran, sich von mir etwas vorschreiben zu lassen. Sie setzte sich jedenfalls und sagte auch noch: »Hab ich einen Durst!«

Was blieb mir anderes übrig – ich mußte sie auch noch zu einer Cola einladen. Karin sah mich von der Seite an, und um ihre Mundwinkel zuckte es ein bißchen, als hätte sie schon gemerkt, wie peinlich mir das alles war, und als freute sie sich auch noch darüber! Also wirklich – Mädchen!

»Hast du schon von Norbert gehört?« fragte Monika.

»Nein. Seit einer Ewigkeit nichts mehr. Was ist denn mit ihm?«

»Gestern haben sie ihn aus dem Krankenhaus entlassen, aber gesund ist er nicht. Wird er vielleicht auch nicht mehr, sagt er. Er scheint ganz schön fertig zu sein.«

»So?« fragte ich nur wenig interessiert. »Was fehlt ihm denn?«

»Irgend etwas mit der Leber. Hepatitis oder so heißt es. Eine Art Gelbsucht, aber ziemlich gefährlich.«

»Interessant.« Ich sagte es so, daß sie hören sollte, wie wenig mir daran gelegen war, mehr darüber zu erfahren.

»Ja, es soll vom Spritzen kommen«, erklärte sie. »Du weißt doch, daß er fixt, nicht wahr? Und da ist dann die Spritze nicht sauber, oder mehrere nehmen dieselbe Spritze, und schon ist es passiert.«

Ich wurde aufmerksam, »Woher weißt du das?«

»Er hat's mir erklärt. Und bei ihm soll's ziemlich schlimm sein. In manchen Fällen, sagen die Ärzte, geht die ganze Leber dabei kaputt.«

»Red von was anderem« knurrte ich. »Ich hab 'ne Tante, die besucht uns zweimal im Jahr, und dann redet sie pausenlos nur von Krankheiten und vom Sterben. Ich mag das nicht.«

»Ich dachte nur, es interessiert dich, weil du ihn doch gut kennst, und Thomas auch. Und vielleicht habt ihr ja auch mal gefixt, wenn ihr bei ihm wart.«

»Quatsch! Haben wir nicht!«

»Ich meine ja auch bloß.«

»Aber du meinst falsch.«

Sie war beleidigt, und ich war froh, daß bald darauf jemand zur Tür hereinkam, an dem ihr mehr gelegen war als an mir. Sie verabschiedete sich und nahm ihre Colaflasche mit.

Karin sah mich fragend an. »Na?«

»Was heißt na?«

»Sie schien dich ganz gut zu kennen?«

»Eifersüchtig?«

»Nein. Wozu? Ich nehme nicht an, daß du vor mir noch nie ein Mädchen angeguckt hast.«

»Na also.«

Ich war knurrig, aber das störte sie nicht weiter. »Wie ist es? Hast du tatsächlich mal gespritzt bei diesem Norbert oder wie er heißt?«

»Wo denkst du hin! Ich bin doch nicht lebensmüde. Ich hab mal ein bißchen Hasch geraucht, das ist aber auch alles.«

»Und Thomas?«

»Weiß ich nicht.«

Aber ich wußte es doch. Ich erinnerte mich an diese Mückenstiche am Unterarm, die mir damals in der Turnstunde aufgefallen waren. Der Gedanke beunruhigte mich.

Am Abend holte ich mir das Lexikon aus dem Bücherschrank und schlug nach. Es klang nicht erfreulich, was da geschrieben stand. Leberentzündung, oft durch Spritzen verursacht, kann zu chronischen Leberschäden, auch zur Leberschrumpfung führen. Inkubationszeit sechs bis sechsundzwanzig Wochen. Ob Thomas das wußte?

Ich rief ihn an.

»Du, Michael?«

»Ja, hör mal, ich habe heute gehört, daß Norbert im Krankenhaus gewesen ist. Leberentzündung.«

»Na und, soll ich ihm vielleicht einen Krankenbesuch machen?«

»Red keinen Unsinn, Black! Aber ich habe nachgeschlagen. Die Geschichte ist ziemlich ansteckend, und sie wird oft durch unsaubere Spritzen übertragen. Zum Beispiel, wenn ein paar Leutchen mit derselben Nadel fixen, verstehst du?«

»Und warum erzählst du mir das?«

»Stell dich nicht so blöd, Thomas! Ich denke da an die komischen Mückenstiche an deinem Unterarm. Hältst du mich vielleicht für blöd?«

»Nee, das nicht. Aber das ist doch schon eine Ewigkeit her.«

»Einverstanden. Aber im Brockhaus steht, daß bis zum Ausbruch sechs bis sechsundzwanzig Wochen vergehen können, und so lange ist es nun wieder auch nicht her. Ich wollte dich nur warnen, weißt du. Wenn du vielleicht mal den Arzt fragen willst . . .«

Er schwieg ein Weilchen, dann sagte er: »Ich muß sowieso zum Doktor. Ich brauch 'ne Bescheinigung für das Internat, daß ich frei von allen ansteckenden Krankheiten bin und keine Läuse oder sonstiges Ungeziefer einschleppe. Manche Internate leben anscheinend noch im Mittelalter. Meine Mutter hat's schon gejuckt, als sie den Brief gelesen hat, in dem die Bescheinigung verlangt wurde. Bei der Gelegenheit kann ich ja mal fragen, wie's so mit meiner Leber steht. Hoffentlich hält der Medizinmann mich nicht für übergeschnappt.«

»Wird er schon nicht.«

»Jedenfalls danke ich für den Anruf, Michael. Manchmal frage ich mich, warum du dich eigentlich so sehr um mich kümmerst.«

»Ich mich auch.«

»Ich sag dir Bescheid, was der Arzt gesagt hat, damit du ruhig schlafen kannst.«

»Gute Nacht!«

Polizist: Das klingt immer wieder, als hätten Sie eigentlich gar nichts mit ihm zu tun gehabt. Ich frage mich dann nur, weshalb wir Sie jetzt hier bei uns haben.

Michael: Vor ein paar Wochen hat er mich an einem Abend besucht.

Polizist: Warum?

Michael: Er kam, um mir einen Brief zu zeigen von dem Internat in das er eigentlich wollte.

»Sehr verehrter Herr Amtmann Dirks,
die Erkundigungen, die wir vor Aufnahme neuer Schüler in unser Haus bei ihren früheren Lehranstalten einzuziehen pflegen, haben ergeben, daß Ihr Sohn Thomas wegen Vergehens gegen das Opiumgesetz zu einer Jugendstrafe von vier Monaten Freiheitsentzug verurteilt wurde, die zur Bewährung ausgesetzt wurde.

Wir bedauern sehr, daß Sie uns diese wichtige Information bei unserer Unterredung vorenthalten haben.

Sie werden sicher verstehen, daß die besondere pädagogische Verantwortung, die uns in einem umfangreichen Internatsbetrieb obliegt, uns zur Vermeidung jedes Risikos für die uns anvertrauten Schüler zwingt. Die Straftat Ihres Sohnes läßt es uns als geraten erscheinen, von seiner Aufnahme in unsere Anstalt abzusehen.

Diese Entscheidung mag Ihnen hart erscheinen, doch dürfen wir Sie bitten, sich in die Lage der anderen Eltern zu versetzen, die uns ihre Söhne anvertraut haben, und die es gewiß nicht billigen würden, wenn wir ihre Kinder einer so erheblichen Gefährdung aussetzen würden, wie sie bei Ihrem Sohn Thomas leider nach Lage der Dinge nicht auszuschließen ist. Mit dem Ausdruck unseres aufrichtigen Bedauerns verbleiben wir

in vorzüglicher Hochachtung ...«

Ich saß nach dem Abendessen in meinem Zimmer, weil im Fernsehen eine Sendung lief, die außer meinem Vater keinen Menschen interessierte, und ich hatte mich gewundert, als Thomas bei mir aufkreuzte.
Kein Wort hatte er gesagt, sondern mir nur den Brief auf den Tisch gelegt und sich dann auf mein Bett gesetzt.
Erst als ich gelesen hatte und nicht gleich wußte, was ich dazu sagen sollte, erklärte er: »Eigentlich wollte ich dir nur eine gute Nachricht bringen. Der Arzt hat gesagt, es wäre alles in Ordnung, aber dabei hat er so ziemlich alles aus mir rausgequetscht, was ich von Drogen weiß. Dann hat es geklungen, als täte es ihm beinahe leid, daß ich anscheinend ganz gesund bin. Ich habe mich richtig gefreut, weißt du. Mit deinem Anruf hattest du mir einen ganz schönen Schreck eingejagt. Wir haben manchmal bei Norbert gespritzt. LSD und so was. Und wir waren fünf, sechs Leute, und immer dieselbe Spritze. Aber wenigstens das scheint ja noch mal gutgegangen zu sein. Ich war richtig erleichtert, als ich nach Hause kam, und dann schob mir mein Vater den Brief über den Mittagstisch und war ratlos.«
»Dann müßt ihr es eben noch bei einem anderen Internat versuchen. Die können doch nicht alle so blöd sein!«
»Habe ich erst auch gedacht, aber mein Vater hält nichts davon. Wahrscheinlich hat er recht. Die stecken alle unter einer Decke, fragen nach, kriegen dieselbe Auskunft, und dann bedauern sie, weil ich eben eine Gefahr für die anderen bin.«
Es klang sehr verbittert.
»Aber das können sie doch nicht machen«, wandte ich ein.
»Klar, du hast Mist gebaut, aber das können sie dir doch nicht ein Leben lang vorhalten. Die können dir doch nicht deswegen deine Zukunft verbauen!«

»Sie können, das siehst du ja. Ich kann's ihnen nicht mal übelnehmen. Wenn ich so ein Internat hätte, würde ich mich wahrscheinlich auch vorsehen. Aber ich will doch keinem Menschen mehr Stoff verkaufen. Ich will auch selbst keinen mehr nehmen. Das weiß ich. Nur wissen es die anderen nicht, und wenn ich es ihnen sage, dann glauben sie mir kein Wort. Würde ich wahrscheinlich auch nicht. Das ist nun mal so, nicht mehr zu ändern.«

»Und was hast du jetzt vor?«

»Ich? Gar nichts. Ich weiß jedenfalls nichts. Eigentlich wollte ich mal studieren. Möglichst Medizin. Aber es sieht wahrhaftig nicht mehr so aus, als ob sie mich ließen. Vater ist auch skeptisch. Jetzt ist er heute nachmittag mit dem Brief losgezogen und hat seine Verbindungen spielen lassen. Er ist ganz stolz, daß es geklappt hat, und ich muß wenigstens so tun, als freute ich mich auch darüber. Dabei könnte ich heulen. Verwaltungslehrling werde ich. Stell dir das vor! Ich! Ausgerechnet Verwaltung. Akten, Schreibtisch, Telefon, Büromief. Dabei ist es eine reine Gnade, daß sie mich nun doch noch genommen haben. Wenn mein Vater nicht einer von denen wäre, hätte das auch nicht geklappt. Dann könnte ich Tankwart werden oder so etwas.«

»Und wann geht's los?«

»Am Ersten. Morgens um acht. Meine vier Monate Gefängnis brauche ich nicht abzusitzen. Dafür habe ich jetzt lebenslänglich.«

»Du darfst es aber auch nicht übertreiben, Thomas. So schlimm kann das gar nicht sein. Dein Vater hält es schließlich auch schon ein paar Jahre durch und ist nicht daran gestorben. Und vielleicht kannst du dann über den zweiten Bildungsweg ... ich meine, die Strafe wird ja wieder gelöscht, die bleibt ja nicht in den Papieren. Dann kannst du doch immer noch ...«

»Ach, wenn man solange raus ist! Dazu gehört dann wahrscheinlich auch viel mehr Energie, als ich aufbringe. Ich kenne mich doch. Nee, mein Lieber, ich werde mich damit abfinden müssen, daß ich so'n Schreibstubenheini werde.«

Ich holte etwas zu trinken aus der Küche, und dort begegnete ich meinem Vater, der sich gerade eine Flasche Bier aufmachte.

»Nanu? Hast du Gäste?« fragte er.

»Thomas ist da.«

»Thomas?« Das schien ihn zu interessieren, und er gab sogar seine Fernsehsendung dafür auf und setzte sich zu uns. Das war Thomas zuerst nicht recht. Er wußte nicht, was er nun noch sagen durfte und was nicht, druckste ein bißchen herum und schien sich nicht wohl zu fühlen. Und mein Vater tat auch nicht so, als wüßte er über Thomas Bescheid, weil er nicht wußte, ob Thomas wußte, daß er wußte. Er wollte nicht, daß Thomas den Eindruck hätte, ich wäre so eine Klatschbase. Ich hab's dann nach einem Weilchen gesagt: »Kannst ruhig reden, Thomas. Mein Vater weiß Bescheid. Über dich, und über mich auch. Ich hab's damals erzählt, als die Sache mit dir schiefging.«

Thomas lächelte verlegen. »War ein ganz schöner Schock, wie?«

Mein Vater hielt den Kopf schief wie immer, wenn er ausdrücken will, daß er etwas nicht richtig versteht. »Schock? Wieso? Daß der Michael neugierig war und auch mal probiert hat, was alle heutzutage so herrlich ›in‹ finden? Das war kein Schock, Thomas. Wirklich nicht. Wir haben uns drüber unterhalten, und ich nehme an, für Michael ist das längst vorbei. Genau weiß ich's nicht. Wir wissen meistens viel weniger über euch, als wir uns einbilden. Ich glaube auch, wir sollten uns nicht übergroße Mühe geben, allzuviel zu wissen. Wenn Söhne erst mal soweit sind wie ihr zwei, dann können wir höchstens noch so etwas wie technische Nothilfe spielen, wenn ihr sie braucht und danach verlangt, aber sonst . . .«

»Und mit mir? Ich meine, Michael war doch mein Freund, und da konnten Sie immerhin denken . . .«

»War? Ist er's nicht mehr?«

Wir sagten beide nichts dazu.

Mein Vater las den Brief des Internats und war so ratlos und empört wie wir, aber helfen konnte er auch nicht.

Ein bißchen später hatte ich den Eindruck, Thomas finde immer mehr Gefallen an meinem Vater. Das ist eigentlich auch kein Wunder, denn mein Vater ist wirklich in Ordnung, wenn man von ein paar Kleinigkeiten absieht, aber nobody ist perfect. Vielleicht übertrieb Thomas sogar sein Wohlgefallen. Jedenfalls fragte er aus heiterem Himmel:

»Sagen Sie bitte, wie würden Sie eigentlich reagieren, wenn Michael ein Kind bekäme?«

Anscheinend erwartete mein Vater einen Witz. »Kaum möglich«, antwortete er.

»Wenn er Vater würde, meine ich«, beharrte Thomas.

Jetzt legte mein Vater wieder den Kopf schief, sah erst Thomas, dann mich recht seltsam an und fragte schließlich fast schüchtern: »Sagt mal, wollt ihr zwei mich etwa auf irgendwelche Eröffnungen vorbereiten? Mit dem Thema habe ich bisher eigentlich noch nicht gerechnet. Ich finde das ein bißchen früh. Michael ist sechzehn!«

Thomas hob erschrocken die Hände. »Um Himmels willen, verstehen Sie nichts falsch! So meine ich das wirklich nicht. Doch nicht Michael und seine Karin! Da brauchen Sie sich bestimmt keine Sorgen zu machen. Ich meine das rein theoretisch. Ich meine, wie würden Sie in einem solchen Fall reagieren?«

Mein Vater lächelte, und es sah ganz so aus, als wäre er wirklich erleichtert. Er sah mich jedenfalls so an, und ein bißchen nachdenklich schien er auch geworden zu sein.

»Ach, weißt du, mit nur theoretischen Kindern ist das kein großes Problem. Da kann man sich ganz gelassen geben und behaupten, man würde sich nicht weiter aufregen, würde ein paar harte, aber passende Worte sagen, und damit wäre alles in Ordnung. Man würde sich um die künftige Mutter kümmern, sich auf das Enkelchen freuen und anfangen, eine Spielzeugeisenbahn zu basteln. Wie das allerdings in der Praxis aussähe ... Ganz ehrlich, Thomas, ich kann mir nicht vorstellen, wie ich reagieren würde. Allerdings kann ich mir auch nicht vorstellen, daß sich hinter dieser Frage gar nichts versteckt. Das sollte doch wohl nicht nur ein Test sein, wie?«

Zu meinem Erstaunen erzählte Thomas meinem Vater, was er seinen eigenen Eltern um keinen Preis erzählen wollte.

Anfangs hatte mein Vater noch gelächelt, wie es Erwachsene manchmal über das tun, was sie für Dummejungenstreiche halten, doch je genauer er die Geschichte kennenlernte, desto ernster wurde er, und schließlich war er hell empört.

»Thomas, da gibt es überhaupt nur einen einzigen Rat. Erzähle genau das, was du mir gesagt hast, noch heute abend deinem Vater. Da muß etwas unternommen werden, Junge! Wovor hast du eigentlich Angst? Wenn deine Geschichte stimmt, wenn du nichts mit diesem Mädchen gehabt hast, dann kannst du doch ganz ruhig sein. Dir kann dein Vater doch wahrhaftig nichts tun. Aber diesem Norbert . . .«

»Die Frage ist nur, ob er mir genauso glaubt wie Sie.«

»Thomas, nun sei doch mal so erwachsen wie du bist! Du meinst doch nicht, daß sich etwas bessert, wenn du darüber den Mund hältst? Sicher wird sich dein Vater aufregen, aber doch nicht über dich. Daß du siebzehn bist und das Thema für dich nicht gerade völlig tabu sein kann, das weiß er doch. Also, rede mit ihm, mehr kann ich dir nicht raten. Am liebsten würde ich mir diesen Norbert selbst mal vorknöpfen. Aber das ist wirklich nicht meine Sache, das geht deinen Vater an. Wenn er nichts tun will, dann sag mir Bescheid, und dann regele ich die Sache. Aber ich wäre jedenfalls ziemlich verärgert, wenn das meinem Sohn passiert wäre, und ein anderer würde sich da an meiner Stelle einmischen.«

»Wenn Sie meinen . . .«

»Ich meine, Thomas. Unbedingt!«

»Dann werde ich's ihm eben sagen. Ich bin gespannt, wie er's aufnimmt.«

Als Thomas gegangen war, kam mein Vater noch einmal in mein Zimmer und setzte sich auf mein Bett. »Du, Michael, ihr habt mir aber vorhin einen ganz schönen Schrecken eingejagt. Ich dachte doch wirklich . . .«

Ich sah ihn vorwurfsvoll an und schüttelte den Kopf, als müßte ich ihn tadeln. »Was ihr Erwachsenen immer gleich denkt . . . Ich glaube, ihr lest zuviel Illustrierte.«

Wir lachten beide.

Am nächsten Nachmittag rief ich Thomas wieder an, weil ich wissen wollte, wie Herr Dirks die Geschichte aufgenommen hatte. Thomas hatte ihm noch nichts erzählt, er wollte eine günstigere Gelegenheit abwarten.

Polizist: Ja, den Brief kenne ich auch. Ich kann mir vorstellen, daß er für Dirks einen erheblichen Schock bedeutet hat. Und darum ist dann an diesem Abend bei Ihnen dieser irrsinnige Racheplan entstanden?

Michael: Aber nein, davon war überhaupt nicht die Rede.

Polizist: Ich habe Ihnen vorhin schon gesagt, daß Sie nichts auszusagen brauchen, was Sie belasten könnte. Ich halte es für gut, Sie jetzt daran zu erinnern.

Michael: Das ist ganz überflüssig. Bei mir ist kein Plan geschmiedet worden. Thomas hat auch noch gar nicht an so etwas gedacht. Das kam erst später.

Polizist: Einen Plan hat es also doch gegeben?

Michael: Nein, da habe ich mich eben falsch ausgedrückt, das müssen Sie streichen. Es hat einen solchen Plan nie gegeben!

Polizist: Ein interessanter Widerspruch, finden Sie nicht auch?

Ich muß mich zusammennehmen. Warum fragt er mich? Soll er sich doch von Thomas alles erzählen lassen, der wird ihm schon die Wahrheit sagen. Das kann er auch ruhig. Er hat nichts zu verschweigen. Gar nichts. Das ist alles ein Irrtum, ein schrecklicher Irrtum!

Irrtümer hat es in dieser ganzen Geschichte wahrhaftig genug gegeben, und einige davon hatte ich auf dem Gewissen. Wenn man doch nur vorher wüßte, wie sich alles entwickelt, dann wäre es einfach, sich richtig zu verhalten.

Ich habe es gut gemeint. Bestimmt!

Mit Thomas habe ich's gut gemeint. Aber auch mit den anderen, die mit Norbert Geschäfte machten, auch wenn ich sie gar nicht kannte. Nur Friedhelm kannte ich, aber ich wußte nicht einmal, ob er noch dabei war, oder ob er sich nach der Sache mit Thomas zurückgezogen hatte.

Ich hatte die besten Absichten, als ich zu Norbert ging. Ich wollte ihn nicht etwa warnen, damit er sich eine Ausrede zurechtlegen könnte, damit er einen Ausweg fände aus der Klemme, in die Herr Dirks ihn bestimmt brachte, sobald Thomas von der Erpressung erzählte. Um Norbert ging es mir ganz und gar nicht. Aber er sollte es mit der Angst zu tun kriegen. Ganz klein wollte ich ihn sehen!

Ich sah ihn auch ganz klein.

Seine Wirtin wollte mich gar nicht zu ihm lassen. »Ihm geht es nicht gut«, sagte sie. »Besuch kann er jetzt wirklich nicht brauchen. Es geht ihm überhaupt immer schlechter.«

»Aber ich muß zu ihm.« Ich drängte an ihr vorbei. Sein Zimmer war nicht verschlossen.

Er saß auf dem Fensterbrett und sah auf die Straße hinunter. Er drehte kaum den Kopf, als ich ins Zimmer trat, sah mich wie abwesend an, doch er erkannte mich, denn er grüßte: »Hallo, Michael!«

Dann wandte er sich wieder ab, es war ihm wohl völlig gleichgültig, ob ich da war oder nicht. Er fragte nicht einmal, was ich von ihm wolle, wenigstens nicht gleich. Ich blieb im Zimmer stehen und wartete ab. Erst sollte er seine Gleichgültigkeit aufgeben, dann wollte ich reden.

Es verging sicher eine Minute, ehe er zum Fenster hin fragte: »Was ist? Brauchst du was?«

Ich sah kleine weiße Päckchen auf dem Tisch und eine Injektionsspritze. Das wunderte mich. Wie konnte er so unvorsichtig sein?

»Na?« wiederholte er. »Brauchst du was, oder was willst du? Kannst alles haben.«

»Ich will nichts. Ich will mich nur mit dir unterhalten.«

»So? Immerhin, das ist auch schon was. Wer will das schon noch? Es kommt ja kaum mal einer. Freut mich! Setz dich doch. Kannst auch was zu trinken haben, wenn du willst.«

»Ich will nichts zu trinken, und ich glaube auch nicht, daß es dich freut, was ich dir zu sagen habe.«

Er drehte sich interessiert um. »Ach nee!«

»Du bist ein Schwein!« erklärte ich.

Er nickte. »Stimmt. Und was Neueres weißt du nicht? Deswegen bist du extra hergekommen?«

Er kam näher, legte beide Unterarme flach auf den Tisch, die Hände verschränkt, legte das Kinn darauf und schielte zu mir hoch.

»Besonders witzig finde ich das nicht.«

»Und ich finde nicht besonders witzig, was du mit Thomas angestellt hast. Hast du eine Ahnung, was das für ihn bedeutet hat? Weißt du überhaupt, daß du den fix und fertig gemacht hast?«

»Na und? Mich selbst vielleicht nicht?«

»Mit einer ganz gemeinen Lüge und mit einer Sauerei von einer Erpressung fertiggemacht.«

»Willst du noch lange schimpfen? Meine Geduld geht auch mal zu Ende, Michael.«

»Mag sein. Aber Thomas geht es nicht anders, und jetzt ist es soweit. Jetzt hält er nicht mehr den Mund. Er hätte ihn schon früher aufreißen sollen, er hätte auspacken müssen vor der Polizei und vor Gericht. Er hat's nicht getan, weil er Angst vor dir und deiner Schuftigkeit hatte, und jetzt ist sein Leben so ziemlich verpfuscht. Aber jetzt packt er aus. Du kannst dich darauf vorbereiten, Norbert. Lange sitzt du hier nicht mehr und freust dich über dein Geld. Was meinst du, was Herr Dirks tun wird, wenn er heute deine Geschichte hört? Er wird zur Polizei gehen. Und die wird nicht lange auf sich warten lassen. Sie wird dich holen. Und dich lassen sie nicht mit vier Monaten auf Bewährung davonkommen. Verlaß dich drauf!«

»Fein, daß du mir rechtzeitig Bescheid sagst, Michael. Wirklich nett von dir. Dann kann ich ja noch abhauen.«

»Kannst du nicht. Meinst du, wir lassen dich hier noch raus?«

»Wer will mich denn daran hindern? Du vielleicht?«

»Und die fünf, die unten stehen.«

Er rührte sich nicht, aber grinste. »Du bluffst, Micky«, sagte er. »Da steht keiner. Ich habe doch genau gesehen, daß du ganz allein gekommen bist. Aber du brauchst keine Angst zu haben. Ich haue nicht ab. Wozu auch? Du meinst, die Bullen werden mich holen? Glaub ich nicht. Thomas hält den Mund, verlaß dich drauf. Und wenn nicht — was soll's. Ich glaube nicht, daß sie mich kriegen. Und wenn sie mich kriegen — ich glaube nicht, daß sie mich lange behalten. Was sollen sie denn noch mit mir? Nicht mehr viel los, weißt du. Ziemlich fertig. Die Leber, nehme ich an. Kann auch der Kopf sein, ich weiß nicht. Ich weiß gar nichts, wenn ich keinen Stoff in mir habe. Wird sowieso Zeit für 'ne neue Spritze. Heroin. Müßtest du mal versuchen. Nicht schlecht, der Kram. Man hat was davon. Ich geb's dir billig.«

Er widerte mich an. Ich hätte ihn, wenn ich gewollt hätte, zusammenschlagen können. Wie er so vor mir saß, ein zusammengesunkener Haufen, hatte ich wahrhaftig keine Angst vor ihm, aber er widerte mich so sehr an, daß ich es nicht über mich gebracht hätte, ihn anzurühren.

»Mit Birgit möchte ich auch sprechen«, sagte ich. »Kommt sie her?«

»Birgit? Hierher? Nee, schon lange nicht mehr. Zuerst, na ja, ich hatte ja 'ne Menge Geld verdient, weißt du. Hab auch noch 'ne ganze Menge, aber sie findet wohl, Geld allein macht nicht glücklich. Sie will nichts mehr von mir wissen. Überhaupt keiner. Da kommt höchstens mal einer, der neuen Stoff bringt oder holt oder der ein paar Piepen braucht, sie sich von mir borgt und sich dabei fest vornimmt, mit dem Rückzahlen so lange zu warten, bis ich es doch nicht mehr brauchen kann. Wer abgekratzt ist, gibt nichts mehr aus. Aber Birgit? Nee, die kommt nicht mehr.«

Noch während er sprach, griff er nach der Spritze auf dem Tisch, spielte damit, legte sie zurück, stand auf, ging zum Waschbecken und füllte ein Glas mit Wasser. Er stellte es auf den Tisch, ging zum Schrank, holte einen sonderbar geschwärzten, dünnen Löffel, legte ihn ebenfalls auf den Tisch. Dann griff er nach einem der kleinen Päckchen, riß es auf, schüttete den Inhalt in den Löffel, nahm ein zweites und leerte es ebenfalls.

Ich sah wie gebannt zu, doch er achtete gar nicht mehr auf mich, sondern war ganz auf seine Arbeit konzentriert. Ich sah, daß seine Hände zitterten und daß seine Stirn naß wurde von einem plötzlich ausbrechenden Schweiß. Er tauchte die Spritze in das Wasser, saugte sie voll, spritzte das Wasser wieder heraus, tat etwas davon in den Löffel, den er in der rechten Hand hielt. Dann suchte er mit der Linken tastend seine Taschen ab, fand das Feuerzeug, ließ es aufflammen, hielt es ein paar Sekunden unter den Löffel.

»Reicht schon«, sagte er und sah zu mir herüber, als gäbe er mir eine Unterrichtsstunde.

Er ließ die Injektionsspritze die Flüssigkeit mit dem gelösten Pulver einsaugen, legte das Instrument wieder auf den Tisch, ging abermals zum Schrank, holte einen dünnen Lederriemen hervor, streifte den Ärmel zurück, schlang den Riemen um den Oberarm und zog ihn fest an.

»Man trifft die Venen dann besser«, erklärte er.

Er schloß die Faust und beugte und streckte mehrmals den Arm. Die Adern an seinem Unterarm schwollen an. Manche waren ganz rot.

Dann griff er wieder zur Spritze, ich sah, wie er sie mit einer schnellen, fast heftigen Bewegung in eine der Venen stieß und langsam den Kolben durchdrückte.

Achtlos ließ er die Spritze auf den Tisch fallen, zündete sich eine Zigarette an, warf mir die Packung zu. »Auch eine, Micky?«

Plötzlich wirkte er ruhig, heiter, gelöst. So selbstsicher war er, daß meine eigene Sicherheit schwand.

»Ich gehe jetzt«, sagte ich. »Du weißt, was dir blüht.«

Er lächelte fast belustigt. »Vielen Dank für den Besuch«, sagte er. »So treue Freunde sind doch ein wahrer Segen. Vorbereitet sein ist immer gut.«

Schon als ich die Treppe hinunterging, wußte ich, daß dieser Besuch ein Fehler gewesen war. Nach der Spritze hatte er wieder ganz wie der alte Norbert gewirkt. Wenn er jetzt,

von meiner Warnung erschreckt, aus seinem Zimmer verschwand, wenn er irgendwo untertauchte — und an Verstecken bei anderen Händlern konnte es ihm nicht fehlen —, dann hatte ich keinem Menschen geholfen, dann hatte ich ihm nicht das Handwerk gelegt.
Wie ein kleiner Junge hatte ich mich angestellt, der es dem Helden im Fernsehkrimi nachmachen will.

Polizist: Wie war das noch mit dem Plan?
Michael: Ich sage doch, ich habe mich falsch ausgedrückt. Versprochen habe ich mich. Die Sache war ganz anders, als Sie meinen. Ich selbst bin bei Norbert gewesen.
Polizist: Sie auch? Wie interessant.
Michael: Ja, früher schon. Am Nachmittag.
Polizist: Was wollten Sie denn bei ihm?
Michael: Ich weiß, das war dumm, aber ich wollte ihm nur sagen, daß es jetzt bald mit ihm vorbei sein werde.
Polizist: Das wußten Sie also schon am Nachmittag?
Michael: So meine ich das doch nicht. Sie verstehen mich ganz falsch.
Polizist: Wie soll ich es denn verstehen?
Michael: Thomas wußte zu dem Zeitpunkt überhaupt noch nichts.
Polizist: Wann waren Sie denn bei Norbert?
Michael: Ungefähr um halb drei bin ich hingegangen. Als ich wieder ging, war es genau zehn Minuten nach drei.
Polizist: Also um fünfzehn Uhr zehn. Und dann?

Wenn ich mich jetzt nicht endlich zusammennehme, dann denkt er am Ende noch, ich wäre schuld! Mensch, Thomas, warum mußtest du mich bloß mit in die Geschichte hineinziehen. Nein, das hast du ja nicht getan, ich habe mich hineingedrängt, ich weiß. Aber doch bloß, weil du so in der Patsche gesessen hast. Das muß doch eigentlich jeder verstehen. Aber der Polizist da drüben, der versteht das bestimmt nicht. Wenn ich dem jetzt die Wahrheit sage, ihm erzähle was ich gemacht habe, als ich fortgegangen bin, dann hält der mich höchstens für besonders roh und abgefeimt. Der will gar nicht hören, wie alles wirklich war, der will nur, daß er seinen Fall möglichst schnell und sauber abschließen und weitergeben kann. Aber ich bin nun mal unmittelbar von Norbert aus in den »Walfisch« gegangen. Ich hatte nichts besonderes vor. Eine Cola wollte ich trinken, das war alles. Dann habe ich von dort aus sogar noch versucht, bei Thomas anzurufen. Ich wollte wissen, ob er nun endlich mit seinem Vater gesprochen hatte, wollte ihn drängen, indem ich ihm von meinem Besuch bei Norbert erzählte. Aber das hat nicht geklappt. Es hat sich niemand gemeldet.

Dann habe ich eben meine Cola getrunken, gleich an der Bar, habe ein bißchen Musik gehört und gleichzeitig versucht, noch einmal über alles nachzudenken, aber das gelang mir nicht. Ich mußte immer an Norbert und an die Spritze denken. Nachträglich wurde mir von der Erinnerung fast übel.

Ich wollte schon wieder gehen, da kam Birgit. Das war gut, ich wollte auch mit ihr sprechen. Sie sah mich gleich und setzte sich neben mich.

Sie sah immer noch so gut aus wie damals am Schultor, lächelte mich an und fragte: »Spendierst du mir auch eine?«

»Ob dir das bekommt?«

»Warum denn nicht?«

»In deinem Zustand, meine ich.«

»Sag mal, wovon redest du denn?«

Ich grinste. »In welchem Monat bist du denn inzwischen?«

Ihre Verwunderung war ganz bestimmt nicht gespielt. So hätte sie gar nicht schauspielern können. »Sag mal, spinnst du, Michael?«

»Vor mir brauchst du dich doch nicht zu verstellen. Du kriegst doch ein Kind!«

»Bist du schon nachmittags high?«

Ich stutzte. »Du, willst du etwa behaupten, daß du gar keins kriegst? Hast du's dir etwa wegmachen lassen?«

Jetzt wurde sie ernstlich böse, und auch das war nicht gespielt. »Jetzt mach aber mal 'nen Punkt, ja! Ich kriege kein Kind und ich habe auch nie eins erwartet, und ich wüßte auch nicht, woher es kommen sollte. Was bildet ihr euch eigentlich immer gleich ein! Meinst du vielleicht, bloß weil man alles ein bißchen mitmacht ... Wie kommst du überhaupt darauf?«

Endlich begriff ich. »Also hör mal, Birgit, du kriegst also kein Kind, und es war auch nie die Rede davon? Dann ist die Gemeinheit ja noch größer!«

»Was soll denn gemein daran sein, daß ich kein Kind kriege?«

»Ihr habt es Thomas gesagt! Damit habt ihr ihn erpreßt!«

»Ich verstehe kein Wort!«

Ich erklärte es ihr, und sie war so wütend, wie ich noch nie ein Mädchen gesehen hatte. »Michael, das mußt du mir glauben, davon habe ich kein Wort gewußt! Wirklich nicht! Das hätte ich doch nie mitgemacht. Ob du's glaubst oder nicht, ich mag den Thomas, aber ich weiß auch, der ist nichts für mich. Aber ich mag ihn trotzdem, verstehst du. Und schon darum hätte ich das nicht mitgemacht. Bei einem anderen wahrscheinlich auch nicht, aber bei Thomas bestimmt nicht.«

»Dann ist Norbert ein noch größeres Schwein, als ich bisher geglaubt habe. Geblufft hat er, das war alles!«

»Dem sage ich aber Bescheid, darauf kannst du dich verlassen! Ich gehe gleich zu ihm! Der kann sich auf etwas gefaßt machen.«

Ich wollte sie besänftigen. »Das wird nicht viel Zweck haben, Birgit. Ich war bei ihm. Der hatte gerade 'ne Ladung Heroin gespritzt, mit dem kannst du jetzt doch nicht viel anfangen.« Das sah sie ein. »Dann gehen wir eben zu Thomas. Kommst du mit? Allein traue ich mich nicht. Ich will ihm sagen, daß ich mit der Sache nichts zu tun habe. Er soll nur nicht denken, daß ich mit Norbert unter einer Decke stecke.«

»Gut!«

Ich zahlte unsere Colas, und wir gingen. Aber bei Thomas läuteten wir vergebens. Es war niemand da.

Wir verabschiedeten uns, und ich ging nach Hause. Dort kam ich erst richtig zum Nachdenken, und allmählich wurde mir eines klar: Wenn Thomas jetzt den Mund auftat, wenn er auspackte, wenn er die Sache mit der Erpressung erzählte und nun sogar Birgit als Zeugin hatte, dann mußte man ihn ganz anders beurteilen! Das Gericht vielleicht nicht, da kannte ich mich nicht aus. Aber die Schule konnte dann nicht einfach dabei bleiben, daß man ihn nicht mehr haben wollte. Man mußte doch verstehen, daß Thomas unter Zwang gehandelt hatte. Meinetwegen war er dumm gewesen, aber daraus konnte man ihm kaum einen Vorwurf machen. Das war verständlich. Ich mußte da sofort etwas tun.

Mit wem konnte ich sprechen?

Der Reihe nach dachte ich an alle Lehrer. An den Chef zuerst, aber an den traute ich mich nicht heran. Unser Klassenlehrer — ich wußte nicht recht. Außerdem hatte er kein Telefon. Er stand jedenfalls nicht im Telefonbuch. Und dann dachte ich immer wieder an Kröger, und das war der blanke Unsinn. Kröger hatte Thomas noch nie leiden mögen, und es hatte zwischen den beiden genug Ärger gegeben. Andererseits — damals, nach dem ersten Fall, hatte gerade Kröger sich große Mühe gegeben, so zu tun, als wäre wirklich alles vorbei und vergessen. Vielleicht gerade Kröger? Im Kollegium mußten die anderen Lehrer auch wissen, daß Thomas nicht eben sein Liebling war. Und wenn er sich für ihn einsetzte, dann wirkte das vielleicht um so stärker. Ja, gerade Kröger war richtig!

Ich suchte seine Nummer heraus, rief ihn an, doch er war nicht da. Seine Frau sagte mir, in einer Viertelstunde sei er bestimmt zu erreichen. Also wartete ich.

Nach einer Viertelstunde war er da. Ich erzählte ihm die Geschichte, und das dauerte eine ganze Weile, weil er für einen Lehrer unwahrscheinlich begriffsstutzig war, vielleicht auch, weil er von der ganzen Sache keine Ahnung hatte und ich sie möglicherweise nicht besonders gut erklärte.

Aber endlich hatte er begriffen und sagte: »Es ist gut, daß du anrufst, Michael. Das läßt den Fall ja nun wirklich etwas anders aussehen, als er sich uns bei der Konferenz dargestellt hat.«

»Werden Sie etwas für ihn tun?«

Die Antwort kam zögernd. »Ich weiß nicht, ob ich das kann, Michael. Ich weiß es wirklich noch nicht. Das muß alles erst noch geprüft werden.«

Nur gut, daß er mein Gesicht nicht sehen konnte, sonst hätte er gemerkt, daß meine nächsten Worte eine wohlerwogene, kühl gestellte Falle waren. »Na ja, vielleicht hätte ich nicht gerade Sie anrufen sollen, Herr Kröger.«

»Warum denn nicht?«

»Ich meine, wenn Sie's nicht übelnehmen — es ist ja kein Geheimnis, daß Sie und Thomas — ich meine, daß Sie ihn nicht besonders gut leiden konnten, nicht wahr? Das wissen schließlich alle.«

Es klang sehr grundsätzlich: »Erstens ist das ein Irrtum, mein Junge, und zweitens spielt es gar keine Rolle. Wir Lehrer sind nicht für die Schüler da, die wir leiden mögen, sondern für alle. Wofür haltet ihr uns eigentlich? Für eine Bande von gewissenlosen Kerlen? Es gehört nun einmal dazu, daß man die rein persönlichen Dinge zurückstellen kann, verstehst du. Und außerdem irrst du dich tatsächlich. Ich mochte den Thomas immer ganz gern. Meinst du, sonst hätte ich überhaupt soviel Geduld aufgebracht? Ein bißchen schwierig ist er, sicher. Es fällt ihm alles viel zu leicht. Und dann macht er mir zu schnell jede neue Mode mit, ob es sich um die Haare dreht oder um Haschisch. Sonst habe ich gar nichts gegen ihn, wirklich nicht.«

Ich grinste. »Na, dann ist's ja gut.«

»Jedenfalls werde ich sehen, was ich für ihn tun kann, und ich danke dir noch einmal für deinen Anruf, Michael!«

Das war genau um fünf vor sechs.

Michael: Ich habe dann noch ein Mädchen getroffen.
Polizist: Wie hieß das Mädchen?
Michael: Birgit. Weiter weiß ich nicht.
Polizist: Die Birgit, die angeblich das Kind kriegen sollte?

Michael: Ach, das wissen Sie auch?

Polizist: Herr Dirks und sein Sohn sind gestern nachmittag hier auf der Wache gewesen und haben Anzeige gegen Norbert erstattet. Unter anderem wegen Nötigung. Und inzwischen hat Thomas Dirks mir gesagt, eben bei seiner Vernehmung, daß es eine Lüge war. Aber eigentlich sollen Sie ja hier die Fragen beantworten. Wie ging es dann weiter?

Michael: Ein paarmal habe ich versucht, Thomas anzurufen, aber es hat sich lange niemand gemeldet.

Polizist: Und dann?

Michael: Schließlich habe ich ihn doch erwischt.

Polizist: Wann war das?

Michael: Ungefähr um zehn nach neun.

Immer wieder hatte ich es versucht, und mein Vater fand es auch ganz richtig, als ich ihm erzählte, warum ich Thomas unbedingt noch anrufen wollte. Alle Viertelstunde ging ich zum Apparat, aber immer kam nur das Rufzeichen.

Endlich, um zehn nach neun, meldete sich Herr Dirks.

»Entschuldigen Sie, daß ich jetzt noch störe. Könnte ich bitte Thomas sprechen?«

Gleich darauf war er am Apparat.

»Wo hast du denn nur so lange gesteckt?«

»Ich war mit meinem Vater unterwegs.«

»Hast du es ihm endlich erzählt?«

»Ja, er weiß jetzt alles.« Es klang sehr erleichtert.

»Eben nicht alles«, behauptete ich. Und dann erzählte ich Thomas von meiner Begegnung mit Birgit am Nachmittag im »Walfisch«, und ich glaubte, unsere Verbindung sei unterbrochen, weil ich nichts mehr hörte.

»He, Thomas, bist du noch da?«

»Sag mal, ist das auch alles wahr, was du mir da erzählst?«

»Ja, sicher! Stell dir diese Gemeinheit vor! Der Kerl hat dich erpreßt, und du hättest die Sache ganz leicht platzen lassen können.«

»Dieses Schwein«, sagte Thomas ganz leise und langsam, und es klang so, als müßte er sich mächtig zusammennehmen, um seinen Zorn nicht herausplatzen zu lassen. »Dieses widerliche Schwein!«

»Nun reg dich nicht auf, Thomas, die Sache ist ja vorbei. Ich dachte nur, du solltest das unbedingt gleich wissen, darum rufe ich an.«

»Vorbei, sagst du? Was ist vorbei? Die Schule, das Abitur, ein Beruf, den ich mir gewünscht habe, das ist vorbei! Ja. Das ist alles vorbei, und dieser Lump ist schuld daran!«

»Jetzt hast du ja deinem Vater alles gesagt, der wird schon etwas unternehmen. Und dann stell dir vor: Ich habe vorhin mit Kröger telefoniert. Der will sich dafür einsetzen, daß die Konferenz den Verweisungsbeschluß gegen dich aufhebt. Es kommt schon alles wieder in Ordnung, Thomas. Über Norbert brauchst du dich jetzt gar nicht mehr aufzuregen, wirklich nicht. Das wird schon alles geregelt werden!«

»Nein, Michael, das mit Norbert, das regle ich lieber selber! Ich wollte den Kerl nicht mehr sehen, aber jetzt habe ich mir's anders überlegt. Der wird mich noch einmal wiedersehen, und das wird ihm gar nicht gefallen, das kannst du mir glauben!«

»Thomas, mach keinen Quatsch! Davon hast du gerade genug gemacht. Hör jetzt damit auf, laß alles laufen, es renkt sich schon ein.«

»Gut, daß du mich angerufen hast, Michael. Vielen Dank!« Dann legte er auf, und ich hatte gar kein gutes Gefühl.

Polizist: Wie hat er's aufgenommen?

Michael: Wütend war er.

Polizist: Aha!

Michael: Wären Sie vielleicht nicht wütend gewesen?

Polizist: Doch, ich glaube schon. Und wie ging es dann weiter?

Michael: Genau um zehn Uhr klingelte bei uns das Telefon.

Ich hatte mich gerade ausgezogen und wollte ins Bett gehen, als ich das Telefon läuten hörte. Dann sprach mein Vater ein paar Worte, und dann rief er mich. Im Schlafanzug ging ich an den Apparat. Herr Dirks war dran.

»Michael, du hast doch vorhin mit Thomas telefoniert!«

»Ja.«

»Hattest du etwas Besonderes zu sagen? Ich meine, war es wichtig?«

»Jetzt vielleicht nicht mehr so sehr. Er hatte Ihnen das ja erzählt mit dem Mädchen und dem Kind. Ich habe ihm nur gesagt, daß ich Birgit heute gesprochen habe. Die kriegt kein Kind, weder von Thomas noch von einem anderen. Das war alles nur Bluff, verstehen Sie. Zu dumm, daß Thomas darauf reingefallen ist. Aber warum fragen Sie mich? Das kann Ihnen doch Thomas selbst erzählen.«

»Darum rufe ich ja an. Er ist nicht da. Ich wollte eben noch etwas mit ihm besprechen und bin in sein Zimmer gegangen, aber er ist fort. Vor zwei, drei Monaten hätte mich das gar nicht weiter gewundert, aber jetzt ... Ich meine, er war jetzt abends immer daheim, und er hat sich wenigstens abgemeldet, wenn er einmal fortgegangen ist. Ich dachte, er wäre vielleicht zu dir gegangen.«

»Hier ist er nicht. Aber wie lange ist er denn schon weg? Ich meine, er könnte ja noch kommen.«

»Woher soll ich das wissen?« Er zögerte. »Nun, es wird schon alles seine Ordnung haben. Vielleicht läuft er nur noch ein bißchen draußen herum. Es war ein aufregender Tag heute. Ich mache mir wahrscheinlich ganz unnötige Sorgen.«

»Das glaube ich auch, Herr Dirks. Zur Aufregung ist gar kein Grund mehr. Jetzt wird ja alles wieder gut. Ich habe ihm auch erzählt, daß Herr Kröger sehen will, ob er nicht doch wieder in die Schule aufgenommen werden kann.«

»Darüber wollte ich morgen mit dem Direktor sprechen.«

»Ich glaube, Herr Kröger wird es unterstützen, und das hilft sicher.«

»Fein. Entschuldige, daß ich dich so spät gestört habe, Michael. Allmählich ist man schon ganz durchgedreht wegen diesem Bengel. Wenn er noch bei dir auftauchen sollte, dann sag ihm, er soll nicht allzu spät heimkommen.«

»Wird gemacht, Herr Dirks! Gute Nacht!«

Ich ging in mein Zimmer zurück, schaltete das große Licht aus und die Leselampe an, kroch unter die Decke und griff nach dem Buch, mit dem ich gerade beschäftigt war. Aber ich konnte mich nicht auf den Inhalt konzentrieren.

Warum war Thomas nicht zu Hause? Wahrscheinlich gab es dafür eine ganz einleuchtende Erklärung. Es konnte ihm genauso gehen wie mir: er fand nicht die Ruhe, die er brauchte, um schon zu schlafen, wollte einfach noch ein bißchen frische Luft schnappen, wollte über alles nachdenken, was in den letzten Wochen und Monaten geschehen war. Er hatte genug Grund dazu, und er konnte sicher erst nach und nach damit fertig werden, daß sich nun doch alles wieder zu lösen schien, daß sich vielleicht sogar weder einrenkte, was so hoffnungslos verfahren ausgesehen hatte.

Oder gab es eine andere Erklärung?

Das dumme Gefühl, das sich gleich nach dem Gespräch mit Thomas eingestellt hatte, meldete sich wieder. Er hatte gesagt: »Das mit Norbert regle ich lieber selber ... Der wird mich noch einmal wiedersehen, und das wird ihm gar nicht gefallen.«

Ob er um diese Zeit noch zu Norbert gegangen war? Und wenn ja, was konnte dabei herauskommen?

Er durfte jetzt keine Dummheiten mehr machen! Jetzt konnte er nur wieder alles verderben.

Ich stand auf, zog mich an, öffnete leise die Tür und lauschte. Aber meine Eltern waren anscheinend schlafen gegangen. Ich schlich auf Zehenspitzen zur Wohnungstür, öffnete sie, schloß sie ganz leise, lief die Treppe hinunter und stand auf der Straße. Im Licht der Straßenlaterne sah ich auf die Armbanduhr. Es war zweiundzwanzig Uhr fünfzig.

Die Nacht war warm, und ich schwitzte bald, als ich hastig die Straße entlangging.

Ich mußte ja gar nicht zu Norbert hinaufgehen. Es reichte, wenn ich zu seinem Fenster hinaufsah. War alles dunkel, dann war auch alles in Ordnung, dann brauchte ich mich nicht einzumischen. Thomas schlenderte dann wahrscheinlich nur irgendwo durch die Stadt.

Aber Norberts Fenster war erleuchtet, und mehr noch: Die Haustür war weit geöffnet, und im Treppenhaus brannte Licht. Ich wurde unruhig, lief die Treppe hinauf und wußte schon vor der Wohnungstür, daß irgend etwas geschehen sein mußte, denn auch die stand offen. Auf dem Flur brannte Licht, aber die Wirtin war nirgends zu sehen.

Ich trat in den Flur, fast ängstlich, blieb stehen, lauschte, doch ich hörte nichts. Aus Norberts Zimmer drang kein Laut, und ich hatte eine unerklärliche Furcht, als ich darauf zuging.

Michael: Herr Dirks hatte mir gesagt, Thomas sei verschwunden, und ich hatte das Gefühl, er könnne zu Norbert gegangen sein. Darum bin ich hingegangen. Ich wollte nicht, daß Thomas irgendwelche Dummheiten macht, verstehen Sie. Er war aufgeregt und dann weiß man nie, was einer anstellt. Ich wollte verhindern, daß er etwas Unüberlegtes täte. Darum bin ich hingegangen.

Polizist: Wann kamen Sie dort an?

Michael: Um dreiundzwanzig Uhr fünf.

Ich mußte mich überwinden, die Klinke niederzudrücken. Und dann blieb ich auf der Schwelle stehen und versuchte das Bild zu begreifen, das ich vor mir sah. Ich sah alles ganz deutlich, doch ich konnte es nicht verstehen, konnte es nicht fassen, nicht glauben.

Zuerst sah ich Thomas.

Er saß am Tisch, beide Ellenbogen aufgestützt, hielt die Injektionsspritze in der Hand und drehte sie zwischen den Fingern, als müßte er sie von allen Seiten betrachten, um sich den Anblick so genau wie nur möglich einzuprägen. Anfangs schien es, als hätte er mich gar nicht bemerkt, doch dann wandte er mir den Kopf zu und sagte: »Ach, da bist du ja«, ganz beiläufig, als wäre es selbstverständlich, daß ich dort unter der Tür stand, als hätte er mich erwartet, doch als läge ihm nicht gerade viel daran, mich hier zu sehen. Dann erst sah ich Norbert.

Er lag auf dem Boden, gleich neben dem Stuhl, seltsam gekrümmt. Es sah aus, als wäre er mit dem Kopf gegen das Tischbein geschlagen und bewußtlos geworden. Aber er wirkte so unbeweglich, so starr.

Ich schloß die Tür hinter mir.

»Mensch, Thomas?«

»Ja, was ist?« Er sah mich verständnislos an.

»Das fragst du mich? Was war hier los, Thomas? Los, rede! Ich will es wissen.«

»Ich weiß doch auch nicht.«

Ich setzte mich im gegenüber, sah ihm ins Gesicht, das ausdruckslos war wie bei einem Menschen, der nichts mehr begreift. »Los, Thomas, erzähl mir alles genau!«

Er gab sich große Mühe und kam mir vor wie ein gehorsames Kind, das gern alles tun will, was man von ihm verlangt, aber nicht sicher ist, ob es das auch kann.

»Ich bin hergekommen«, fing er an.

»Wann?«

»Ich weiß nicht. Vor einer halben Stunde vielleicht. Mag sein, daß es etwas länger her ist.«

»Und dann?«

»Die Wirtin hat gesagt, ich solle ruhig reingehen. Norbert sei da, aber vielleicht schlafe er, sie habe ihn schon eine ganze Weile nicht gehört. Und dann bin ich hier ins Zimmer gegangen. Norbert saß am Tisch. Die Arme hatte er vor sich und den Kopf daraufgelegt. So seitwärts, weißt du.«

»Ja, ja, und weiter?«

Allmählich löste er sich aus seiner Erstarrung, sein Bericht wurde lebhafter, er sprach schneller, und bald hatte ich den Eindruck, als fühlte er sich gehetzt, als hätte er Angst.

»Er hat geschlafen. Wenigstens habe ich das geglaubt, und das war mir ganz recht. Wenn ich ihn wecken konnte, wenn er mich sah und erschrak, dann hatte ich einen Vorteil. Ich wollte ihm sagen, was ich von ihm hielt, mehr nicht. Aber das deutlich. Ganz leise bin ich hinter ihn getreten, dann habe ich seine Schultern gepackt und ihn zurückgerissen. Und dann . . .« Mit einer Bewegung, die ihr Ziel erst suchen mußte, deutete er auf den Körper am Boden. »Dann ist er mir unter den Händen weggerutscht und ist vom Stuhl gefallen, lag da und hat sich nicht gerührt. Lag genau wie jetzt.«

»Was hast du dann gemacht?«

»Ich hab mich neben ihn gekniet und wollte ihn unbedingt wach bekommen. Ich dachte doch, er wäre high, hätte einen schlechten Trip oder so etwas. Ins Gesicht hab ich ihn geschlagen, zweimal mit aller Kraft, und er hat sich nicht gerührt. Und dann plötzlich – ich weiß nicht, wie ich's gemerkt habe –, aber plötzlich wußte ich, daß er gar nicht schläft, daß er tot ist. Ganz kalt, weißt du, ganz starr. Da bin ich aus dem Zimmer gelaufen und habe die Wirtin gerufen. Sie kam mit mir, hat sich Norbert angesehen, und ich schrie: ›Schnell, laufen Sie doch los! Holen Sie einen Arzt! Schnell doch! Beeilen Sie sich!‹ Und dann ist sie weggelaufen.«

»Wie lange ist das her?«

»Ich weiß nicht. Mir kommt es lange vor. Sehr lange. Vielleicht weiß sie keinen Arzt in der Nähe, oder sie hat ihn nicht angetroffen, vielleicht sucht sie noch, ich weiß nicht.«

Er schwieg, als sei alles gesagt, spielte noch immer mit der Injektionsspritze, sah mich hilflos an.

Ich schluckte. »Du, sag mal, Thomas, sag mir ganz ehrlich: War das wirklich so, wie du es eben erzählt hast? Ganz genau so? War er wirklich schon tot, als du hergekommen bist? Weißt du das genau?«

Ich beobachtete sein Gesicht, und ich weiß, daß mir keine Regung entging. Meine Frage brauchte lange, bis sie zu ihm durchdrang, dann hob er den Kopf ein wenig und sah mich staunend an, fassungslos. Dann fragte er:

»Meinst du das ernst, Michael? Glaubst du wirklich, ich hätte ihn . . . Sogar du glaubst das?«

Und plötzlich verlor er die Beherrschung. Er schrie mich an: »Was wollt ihr denn jetzt noch alles aus mir machen? Laßt mich doch endlich in Ruhe!« Er sprang auf und kam auf mich zu. Er hielt die Injektionsspritze noch in der Hand, und mir war klar, daß er nicht wußte, was er tat, daß er wie blind war vor Zorn und vor Verzweiflung. Und ich hatte Angst, ich wich vor ihm zurück.

»Und das sagst ausgerechnet du?« schrie er mich an. »Ausgerechnet du! Aber gut, meinetwegen, wenn ihr es alle so haben wollt . . .«

»Halt! Bleiben Sie stehen!«

Die Stimme ließ uns beide herumfahren. Da standen sie in der Tür: zwei Polizisten und Norberts Wirtin.

»Legen Sie das Ding da auf den Tisch!« befahl der eine. Thomas gehorchte, setzte sich wieder an seinen alten Platz, ganz aufrecht, die Hände auf der Tischplatte gefaltet, und sah die Polizeibeamten fragend an.

»Der da hat mich gerufen!« erklärte die Wirtin und deutete auf Thomas. »Der andere war noch nicht da. Der muß inzwischen erst gekommen sein. Aber der da, der war vorher eine ganze Zeit allein hier drin, und dann hat er mich erst gerufen, und ich/habe gleich gesehen, daß . . .«

»Schon gut«, sagte der Polizeibeamte. »Das können Sie dann alles später noch erzählen, wenn wir die Protokolle aufnehmen.«

Einer von ihnen ging aus dem Zimmer, der andere blieb an der Tür stehen und sagte nichts.

Ein paar Minuten später hörten wir unten ein Martinshorn heulen, und Blaulicht flackerte von der Straße herauf. Dann kamen sie über den Flur und traten ins Zimmer.

Zwei Beamte in Zivil gingen auf Thomas zu, der sich nicht gerührt hatte.

»Kommen Sie mit«, sagte der eine. Dann deutete er mit einer Kopfbewegung auf mich. »Sie auch.«

Sie haben uns hierhergefahren. Ich mußte draußen auf der Bank warten. Thomas haben sie zuerst vernommen, und sie haben ihn abgeführt, ich hab's gesehen. Thomas, der weinte wie ein kleines Kind.

Es muß fast schon Morgen sein. Ich bin müde, schrecklich müde. Er soll doch endlich aufhören.

Polizist: Erzählen Sie mir bitte, was Sie dort gesehen haben, was Thomas Dirks Ihnen gesagt hat. Alles!

Ja, ja, gut, ich tu's. Ich sage jedes Wort. Jedes. Es hat doch keinen Zweck, daß ich etwas auslasse, und ich kann Thomas auch nicht damit helfen. Er braucht keine Hilfe. Er hat es nicht getan, das ist ganz sicher. Jeder sieht das. Jeder, der Thomas kennt, weiß es. Thomas hat das nicht getan.

Ich habe ihm wirklich alles erzählt, jedes Wort, das Thomas mir gesagt hat. Er hat keine Fragen mehr gestellt, hat nur zugehört, und das machte ihn mir fast sympathisch. Wahrscheinlich war er auch müde.

Endlich drehte er den letzten Bogen aus seiner Maschine, legte ihn aufatmend zu den anderen und sagte: »Ich glaube, das wär's junger Mann.«

»Kann ich jetzt gehen, oder muß ich hierbleiben?«

»Warten Sie noch ein Weilchen. Wir haben Ihren Vater verständigt, er holt Sie ab. Das Protokoll muß noch unterschrieben werden, aber das hat jetzt wenig Sinn. Zeichnen Sie doch bitte nur jedes Blatt mit Ihren Anfangsbuchstaben ab. Wir machen dann erst noch eine Reinschrift. Kommen Sie morgen nachmittag vorbei, wenn Sie ausgeschlafen haben, unterschreiben Sie dann.«

Er schob mir seine Zigarettenpackung über den Tisch. »Rauchen Sie?«

»Kaum«, sagte ich, aber ich zündete mir doch eine Zigarette an. Die simple Beschäftigung, sie in Brand zu setzen, tat mir gut.

»Was wird mit Thomas?« fragte ich.

»Der bleibt hier.«

»Aber warum denn? Er hat es doch nicht getan! Ich habe Ihnen ganz genau erzählt, wie alles gewesen ist. Sie wissen doch, daß er nichts damit zu tun hat!«

»Weiß ich das? Wissen Sie das? Überlegen Sie doch einmal. Wir finden einen toten Jungen. Daneben sitzt Thomas, eine Injektionsspritze in der Hand. Wir wissen, daß Thomas allen Grund zu einem maßlosen Zorn gegen Norbert hatte. Was sollen wir denn jetzt denken? Rechnen Sie doch einmal ganz nüchtern zwei und zwei zusammen! Was würden Sie denn denken?«

»Aber ich weiß, daß er's nicht getan hat! Ich kenne Thomas besser als Sie!«

»Mag sein, Michael. Ich bestreite das nicht. Ich behaupte auch nicht, daß Thomas ihn umgebracht hat. Gar nichts behaupte ich. Sie müssen nur zugeben, es sieht nicht gerade gut aus, nicht wahr?«

»Und wie geht es nun weiter?«

»Ich weiß nicht. Die Untersuchung läuft. Es wird sich alles klären lassen. Wenn sich herausstellt, daß die Geschichte stimmt, die Thomas Dirks uns erzählt hat, dann geht er nach Hause, und alles ist in Ordnung für uns und für ihn. Wenn die Geschichte aber nicht stimmt, wenn alles so gelaufen sein sollte, wie es auf den ersten Blick den Anschein hat, ja, dann . . . Das wissen Sie doch selbst. Mord, meinetwegen auch Totschlag, mildernde Umstände gibt es genug, aber eine Strafe . . . Sehen Sie eine andere Möglichkeit?«

Während er sprach, hatte ich die Seiten durchblättert, auf denen er meine Aussage festgehalten hatte.

Dann fing ich an, ein Blatt nach dem anderen mit meinen Anfangsbuchstaben abzuzeichnen, das letzte Blatt zuerst, weil es noch obenauf lag, und dann alle, bis auf das erste, auf dem die Aussage begann.

»Das unterschreibe ich nicht«, erklärte ich und schob es dem Polizisten über den Tisch.

»Warum denn nicht? Auf der ersten Seite war doch noch gar nichts Wichtiges.«

»Das müssen Sie noch einmal einspannen. Da fehlt etwas, da ist etwas falsch.«

»Wie Sie wollen«, sagte er seufzend, nahm den Bogen und spannte ihn wieder in die Maschine.

»Meine erste Antwort müssen Sie durchstreichen«, verlangte ich. »Und dann schreiben Sie, daß er mein Freund ist.«

»Das ist doch nun wirklich nicht so wichtig.«

»Für mich ist das sehr wichtig, und für ihn auch!«

Er schrieb gehorsam, die Mundwinkel ein wenig abwärts gezogen, und während er noch tippte, öffnete ein anderer Polizist die Tür, streckte den Kopf herein und sagte: »Der Vater von dem Jungen ist da. Muß er noch warten?«

»Nein, sagen Sie Herrn Grote, er kann seinen Sohn gleich mitnehmen. Und Sie wissen, Michael, daß Sie morgen noch einmal vorbeikommen und die Reinschrift des Protokolls unterschreiben müssen.«

Ich nickte und ging hinaus.

Herr Dirks saß auf der Bank, auf der ich vorhin gewartet hatte, und er sah unsäglich müde aus. Mein Vater stand ein Stück entfernt an der Tür. Ich verstand das nicht. Warum hatte er sich nicht zu Herrn Dirks gesetzt? Das war doch das mindeste, das man erwarten konnte.

Ich blieb vor Herrn Dirks stehen und sagte: »Thomas war das nicht, Herr Dirks, das weiß ich ganz bestimmt!«

Er sah mich an, und er hätte bestimmt gelächelt, wenn es ihm noch gelungen wäre.

»Ich weiß«, sagte er. »Ich weiß es, Michael.«

Dann fuhr mein Vater mich nach Hause, und ich war ihm dankbar, daß er nichts fragte, daß er stumm bei mir blieb, bis ich in meinem Zimmer war, mich ausgezogen hatte, im Bett lag.

Dann sagte er nur: »Schlaf jetzt, Michael«, und ging hinaus. Er brauchte kein Licht mehr zu löschen. Es war schon hell.

Ich wollte noch gar nicht schlafen, sondern wollte alles noch einmal überdenken, was sich in den letzten Stunden zugetragen hatte. Vor allem kam es darauf an, daß ich ganz genau überlegte, was ich bei der Polizei zu Protokoll gegeben hatte. Morgen konnte ich immer noch die Unterschrift verweigern und Änderungen verlangen, wenn mir etwas auffiel, was Thomas vielleicht in einem ungünstigen Licht erscheinen lassen könnte. Nur darauf kam es jetzt an. Ich mußte alles, aber auch alles zusammensuchen, was für Thomas sprach.

An diesem Tage war mir ja nichts besonders gut gelungen, und mit meinem Vorsatz, alles noch einmal zu überdenken, ging es mir auch nicht besser. Es können keine zwei Minuten vergangen sein, da war ich fest eingeschlafen. Ich habe nicht unruhig geschlafen, ich habe nicht geträumt, wie man erwarten könnte; im Schlaf kam mir keine Erleuchtung und was dergleichen Erfindungen mehr sind. Nichts. Ich habe einfach geschlafen, weil ich hundemüde war, und ich mache mir deswegen auch keine Vorwürfe. Ich habe nicht daran gedacht, daß Thomas ganz bestimmt nicht schlafen konnte, daß er voller Angst auf den nächsten Morgen warten mußte, daß er verzweifelt war. Nichts von alledem, was sich edel und gut ausnähme. Einfach nur abgeschaltet und ausgeschlafen habe ich. Viel zu lange.

Es war zwei Uhr, als ich aufwachte, und ich war froh, daß meine Mutter nicht auf den Gedanken gekommen war, mich zum Mittagessen zu wecken. Sie hatte etwas für mich warmgestellt, ich aß es sehr rasch, und dann war ich wieder unterwegs.

In der Polizeiwache hatten sie so früh noch gar nicht mit mir gerechnet.

Aber Polizeimeister Herburger saß schon wieder an seiner Schreibmaschine und tippte nicht viel flotter als in der vergangenen Nacht. War er überhaupt zu Hause gewesen, oder hatte er durchgemacht? Für mich wäre das auch nicht der richtige Beruf. Ich brauche meinen Schlaf.

»Gut, daß Sie kommen«, sagte er und zog die eingespannten Bogen aus der Maschine. »Ich bin gerade fertig, Sie können unterschreiben, und dann hätten wir's komplett.«

Er sah nicht so mürrisch aus wie gestern. Im Gegenteil. Er wirkte fast froh und jedenfalls viel freundlicher.

Ich setzte mich in die Ecke und las alles noch einmal durch. In Ordnung. Nichts mehr zu ändern. Mir fiel nichts ein. An keiner Stelle konnte ich Thomas mit diesem Protokoll irgendwie belastet haben. Ich unterschrieb und gab das Protokoll zurück.

»Viel Mühe«, sagte der Polizeimeister, »und es nützt gar nichts. Die Arbeit hätten wir uns sparen können, junger Mann. Inzwischen hat es andere Aussagen gegeben, und was Sie zu sagen hatten, ist gar nicht mehr wichtig.«

Ich erschrak. Er wirkte so zufrieden. Und meine Aussage war nicht mehr wichtig? »Wieso? Hat Thomas etwa . . .«

»Thomas Dirks? Nein, den haben wir gar nicht mehr vernommen seit heute nacht.«

»Und wo ist er jetzt?«

»Zu Hause, nehme ich an.«

»Aber wieso denn zu Hause?«

Er lächelte, und plötzlich war er mir rundum sympathisch. Ich hatte das Gefühl, er war gar nicht gegen Thomas. »Heute früh um sieben Uhr hatten wir den genauen ärztlichen Befund auf dem Schreibtisch. Er war eindeutig. Norbert muß spätestens gestern um fünf Uhr bereits tot gewesen sein. Er war mindestens seit sechs Stunden tot, als Thomas zu ihm kam. Thomas kann also nichts damit zu tun haben, denn zu der entscheidenden Zeit war er mit seinem Vater hier. Da hat er gerade Strafanzeige gegen diesen Norbert erstattet. Er ist also entlastet. Wir konnten ihn heimschicken.«

Ich weiß nicht, ob ich noch irgend etwas gesagt habe. Vermutlich nicht. Ich war gleich darauf auf der Straße und bin gerannt. Die Leute haben sich nach mir umgesehen und entweder geglaubt, ich sei auf der Flucht, oder, ich hätte den Verstand verloren. So läuft man durch die Straßen, wenn man zehn ist, aber nicht mit fast siebzehn Jahren.

Bei Thomas habe ich auf den Klingelknopf gedrückt und geläutet und geläutet, bis ich schnelle Schritte hörte. Dann wurde die Tür heftig aufgerissen, und Frau Dirks stand da.

»Mußt du denn solchen Lärm machen?«

»Entschuldigen Sie schon, Frau Dirks, aber kann ich Thomas sprechen?«

Sie stellte sich mir in den Weg und sagte sehr entschlossen: »Nein, das kannst du nicht. Unter keinen Umständen. Er schläft nämlich. Und solange er nicht ausgeschlafen hat, braucht ihn keiner zu wecken. Auch nicht mit einer so verrückten Klingelei. Nun komm schon rein.«

Und während sie mir den Vortritt ins Wohnzimmer ließ, sagte sie lächelnd, als meinte sie nur mein allzu stürmisches Läuten: »Werdet ihr eigentlich nie vernünftig?«

# Gespräch zwischen Hans-Georg Noack und Dr. Dirk Feike

*Dr. med. Dirk Feike ist Facharzt für Neurologie, Psychiatrie und Psychotherapie und leitete von 1976–1980 die Drogenberatung der Stadt München.*

N: Es wird oft gesagt, daß Jugendliche, die sich schulisch überfordert fühlen, eher als andere dazu neigen, zu Drogen zu greifen. Entspricht das Ihrer Erfahrung?

F: Lassen Sie mich das so ausdrücken: Es ist gefährlich, wenn Eltern von ihren Kindern zu hohe Schulleistungen verlangen. Jemand, der ständig mit einem schlechten Gewissen herumläuft, weil er den Ansprüchen nicht gerecht werden kann, der nie so richtig frei und lustig sein kann, weil er sich immer überfordert fühlt, der ist vielleicht versucht, dieser Situation mit Hilfe von Drogen zu entkommen.

N: Das heißt, der Ehrgeiz, der übertriebene Anspruch der Eltern kann ein Wegbereiter für den Griff zur Droge sein.

F: Das Entscheidende geschieht allerdings schon in den ersten Lebensjahren: Ein Kind, das von Anfang an viel Bestätigung erfährt, das elterliche Liebe, Freude am Leben und Verantwortungsbewußtsein vermittelt bekommt, hat einfach eine bessere Ausgangsposition. Es ist wichtig, daß man dem Kind Selbstvertrauen gibt. Die beste Chance, eine Therapie durchzustehen, haben meiner Ansicht nach die Drogenabhängigen, deren Eltern es verstanden haben, eine vertrauensvolle Beziehung zu ihren Kindern aufrechtzuerhalten. Viele der heutigen Kinder haben aber ein großes Defizit an elterlicher Liebe und Zuwendung.

N: Suchen Jugendliche dieses Gefühl von Nähe, von Wärme und Geborgenheit nicht sehr stark in engen Freundschaften und sexuellen Bindungen?

F: Sicherlich, aber bis zu dem Zeitpunkt ist eben schon sehr viel versäumt worden. Ein wichtiger Faktor ist auch, daß sich der Erziehungsstil ändert. Bei unseren Eltern war es noch so: ihre Kindheit war in Familie und Nachbarschaft eingebettet, ein Verstoß gegen die gesellschaftlichen Normen konnte von der Umwelt schnell bemerkt und korrigiert werden, bevor er sich zur Katastrophe auswuchs. In der heutigen Zeit werden durch unterschiedliche Kräfte die familiären und nachbarschaftlichen Beziehungen zerstört. Ich nenne nur einige: Verstädterung, häufiger Wohnungswechsel, Verlängerung der Arbeitswege, Vermassung und Anonymität in Schule und Betrieb, Mütterarbeit, eine zunehmende Scheidungsquote, Einfluß der Massenmedien – besonders Fernsehen und Popmusik. Viele Eltern bemerken die Fehlentwicklung ihrer Kinder überhaupt nicht; manche wollen sie auch nicht sehen. Häufig versuchen Eltern erst dann ihren Erziehungsstil und ihre eigenen Gewohnheiten zu ändern, wenn es zu spät ist: nämlich wenn die Polizei auf ihr Kind aufmerksam wird, wenn es in der Schule versagt hat oder z. B. wenn es drogenabhängig geworden ist. Ich glaube, in dieser Beziehung hatte die ältere Generation eine wesentlich einfachere Kindheit als die heutige Jugend, die zudem noch materiell so wohlgestellt ist, daß sie oft nicht weiß, wofür Arbeit und lange Ausbildung gut sein sollen. Gerade die lange Schulzeit ist für die meisten sehr belastend, da sich der Gewinn erst viele Jahre später äußert. Für wesentlich halte ich auch, daß viele Jugendliche durch Wirtschaft und Werbung in ihren Wünschen stark manipuliert werden und dabei gleichzeitig wissen, daß sie sich auch bei größten Anstrengungen niemals diesen Luxus werden leisten können.
So kommt es, daß der in sich wenig gefestigte Jugendliche

weder konkrete Ziele noch Ideale hat, denen er nacheifern kann. Diese Haltung wird an die nächste Generation weitergegeben. So kann man ja bereits jetzt sehen, daß die Jugendlichen wesentlich mehr konsumieren als wir, und wir wiederum konsumieren wesentlich mehr als unsere Eltern. Drogenkonsum muß immer im Zusammenhang mit dieser gesellschaftlichen Konsummentalität gesehen werden.

N: Wenn ich mit Schülern nach meinen Lesungen über das Buch spreche, dann kommt zunächst einmal der Einwand, so schlimm sei das gar nicht, Haschisch mache nicht süchtig. Das weiß inzwischen jeder, der mal einen Joint geraucht hat: im medizinischen Sinn macht Haschisch nicht süchtig. Aber es ist doch erwiesen, daß es auch so etwas wie eine psychische Sucht gibt: eine Angewohnheit des Ausweichens; eine Fluchttendenz, die sich zur Fluchthaltung verhärten kann; die dazu führt, daß man ständig allen Problemen durch das Mittel des Rausches ausweicht. Würden Sie das auch so sehen?

F: Ja. Wenn es sich bei der Sucht nur um ein medizinisches Phänomen, nämlich die körperliche Abhängigkeit handeln würde, hätten wir Ärzte das Suchtproblem längst gelöst: die medizinische Behandlung, d. h. die Entgiftung ist im Krankenhaus leicht durchzuführen. Die psychosoziale Fehlentwicklung stellt jedoch das größere Problem dar: das Ausweichen entweder vor realen Problemen oder vor inneren Ängsten und Depressionen mit denen man nicht fertig wird; im sozialen Bereich das Schulversagen, der Abbruch der Lehre, das Fehlen intakter menschlicher Beziehungen. Hier sind wir bei dem eigentlichen Kern der Sucht. Damit wird auch verständlich, warum jede Behandlung intensiv, fachkundig und über viele Monate hinweg durchgeführt werden muß. Aus eigener Erfahrung weiß jeder, wie schwierig es ist, eigene Fehler einzugestehen und eine Verhaltensänderung herbeizuführen. Wenn man das erkannt hat, wird einem klar, warum ein Süchtiger ungeheure Energie aufwenden muß, um »clean« zu werden.

N: In »Trip« schildere ich, wie Thomas seinen Schwierigkeiten mit den Eltern und der Schule ausweicht.

F: Ja, er geht heim, betäubt sich mit Musik und einem Joint und taucht erst einmal unter. Er flüchtet in Träume und versucht gar nicht mehr, seine Probleme aktiv zu überwinden. Auf die Dauer klaffen Traumwelt und Realität immer weiter auseinander. Gerade diesen Vorgang können wir bei Haschisch besonders deutlich verfolgen. Der Jugendliche träumt immer mehr und kommt mit der Realität immer weniger zurecht. Vielleicht ist auch dies der Grund, daß einzelne Jugendliche auf Haschisch so stark reagieren, daß sie aus dieser Traumwelt nie mehr auftauchen. Sie fühlen sich z. B. verfolgt, halten sich für einen Gott oder sprechen mit nicht anwesenden Personen. Hierbei handelt es sich dann um eine Geisteskrankheit, die oft bestehen bleibt.

N: Eine Szene, die hin und wieder von progressiven Schülern angeprangert wird, ist die, in der ein Student begeistert über Drogen redet, das aber einige Zeit später zurücknimmt. Die Szene ist aus der Situation von 1970 zu verstehen. Sie wissen, daß 1968/69 der Drogenkonsum als Mittel zur Erweiterung des Bewußtseins propagiert wurde, daß dann aber die politisch aktiven Studenten sich davon distanziert haben. Wie stehen die politisch aktiven Kreise eigentlich heute zum Drogenkonsum?

F: Drogen können das Bewußtsein verändern, aber niemals erweitern. Genauso können Drogen nicht die Politik verbessern – im Gegenteil, Drogen machen von sich abhängig, sie machen passiv und damit wird der Konsum lenkbar und korrupt. Kein politisch klarer Kopf glaubt heutzutage, daß es Wundermittel gibt, die gesellschaftliche

Kräfte schnell ändern könnten. Aus dieser Erfahrung heraus bekämpfen die meisten politisch aktiven Kreise jeden Drogenkonsum. Natürlich gibt es auch heute einige Wirrköpfe, die aus dem Drogenkonsum eine Ideologie machen.

N: Sie denken da sicher an die Kampagne zur Legalisierung von Haschisch, um das Drogenproblem zu entschärfen?

F: In der Tat hatte vor zehn Jahren die Diskussion um die Freigabe von Haschisch einige seriöse Fürsprecher. Die Entwicklung seither hat allerdings deren Argumente widerlegt. Heute sind die Fachleute übereinstimmend gegen die Legalisierung. Dadurch käme nur ein weiteres Suchtmittel auf den freien Markt, zu dem die Jugend Zugang hat. Bemerkenswert bei dieser ganzen Diskussion ist, daß der wirtschaftliche Aspekt vollkommen vergessen wird. Keine Droge kann allein von ihrer medizinischen Wirkung her beurteilt werden. Haschisch würde – ähnlich wie Alkohol und Nikotin – zu einem erstrangigen Wirtschaftsfaktor werden. Bei intensiver Werbung wäre die Bevölkerung diesem Suchtmittel genauso ausgeliefert, wie sie heute dem Konsum von Nikotin und Alkohol widerstandslos erliegt.

N: Sehen Sie einen Unterschied darin, ob ein Jugendlicher oder ein Erwachsener ein Suchtmittel nimmt?

F: Abgesehen davon, daß bei Kindern und Jugendlichen bereits kleinere Mengen als bei Erwachsenen wirken, gibt es noch wesentlich wichtigere psychologische und soziale Unterschiede: Der Erwachsene hat im Laufe der Jahre gelernt, sich besser zu beherrschen und mit Problemen fertig zu werden. Darüber hinaus hat er die schwierige Zeit der Schule und Ausbildung abgeschlossen und geht einem Beruf nach. Demgegenüber befindet sich der Jugendliche in der wohl schwierigsten Phase seines Lebens. Jeder

Jugendliche spürt in sich ungeheure Kräfte, die ihm oft Angst machen bzw. auf Ziele hintreiben, die er nur unbewußt ahnt. Er muß lernen, mit sich zurechtzukommen, seine sexuellen Triebe zu beherrschen und in einer sozial anerkannten Weise auszuleben, seine vielen Wünsche zurückzustellen, um die Ausbildung zu beenden usw. Gerade in dieser Zeit sind Drogen von einer fatalen Wirkung. Ich möchte hier ein Bild verwenden: Gifte können in den ersten Wochen der Schwangerschaft die Entwicklung des Embryos so stark stören, daß es zu den verschiedensten körperlichen Mißbildungen kommt. Genauso stören Suchtgifte während der Pubertät die psychische und soziale Entwicklung, so daß sich hier schwere Defekte einstellen können.

N: Sie sind also nicht nur gegen die Freigabe von Haschisch, sondern auch gegen die Freigabe von Alkohol in Jugendheimen und gegen die Aufhebung der Gesetze zum Schutze der Jugend in der Öffentlichkeit. Und sie befürchten nicht, daß Jugendliche, die das lesen, Sie für intolerant halten?

F: Ach nein, wissen Sie, diese drogengefährdeten Jugendlichen haben größere Probleme.

N: Besteht beim Haschischrauchen nicht auch die Gefahr, daß der erzielte, relativ kurze Rauschzustand manchem nach einiger Zeit nicht mehr reicht und er eher dazu neigt, härtere Drogen zu versuchen, als Leute, die gar nicht erst mit Haschisch experimentiert haben? Welche Erfahrung haben Sie da gemacht?

F: Haschischprobierer gibt es viele. Dabei handelt es sich meistens nicht um Personen, die psychische Schwierigkeiten haben. Die Gefahr und das Abenteuer reizt jeden Jugendlichen. Ganz anders verhält es sich aber bei Personen, die Haschisch regelmäßig nehmen und daraus eine Ideologie machen, d. h., hier handelt es sich um eine bestimmte Gruppe von Gefährdeten, die am Drogenkonsum Gefallen finden. Ein Motiv ist, daß sie hier erstmals das Gefühl, von anderen akzeptiert zu werden, erleben. Daß es sich dabei um eine Scheinkommunikation handelt, gestehen sie sich nicht ein. Sie sitzen zusammen und lassen den Joint kreisen: das Rauchen wird zum Ritual. Die zwischenmenschlichen Beziehungen sind denen bei einem Bierfest vergleichbar, wo der Alkohol zu einer allgemeinen Verbrüderung führt. In nüchternem Zustand steht jeder mit seinen Problemen wieder allein da. Um noch einmal auf Ihre Frage zurückzukommen, sei ganz deutlich gesagt: nicht jeder, der einmal einen Joint geraucht hat, wird süchtig. Wir müssen bei den verschiedenen Suchtmitteln unterscheiden. Aber zweifellos ist Haschisch nach wie vor eine Einstiegsdroge, genauso wie auch Alkohol. Viele beginnen mit Alkohol und experimentieren dann mit Haschisch. Da sie weiter unzufrieden sind oder die persönlichen Probleme zugenommen haben, suchen sie Betäubung in stärkeren Drogen, wie Tabletten und schließlich Kokain und Heroin.

N: In letzter Zeit höre ich immer häufiger von Lehrern, aber auch von Schülern, der Schluß des Buches sei unglaubwürdig, Thomas käme zu leicht aus der Geschichte heraus, eigentlich müßte er doch jetzt süchtig werden. Was den Schluß betrifft, meine ich, daß es unlauter wäre, mit Angst zu arbeiten. Man darf nicht den vielen Leuten, die einmal auf einer Party einen Joint geraucht haben, einreden, sie seien nun auf dem unmittelbaren, direkten Weg ins Verderben.

F: Um noch einmal auf Ihr Buch zurückzukommen: Es handelt sich bei Thomas ohne Zweifel um einen bereits schwer Süchtigen. Sie schildern, daß er regelmäßig Heroin spritzt und Entzugserscheinungen hat. Darüber hinaus war er auch vor seinen Experimenten mit Drogen ein offensichtlich schwieriger Jugendlicher, der zwar in einer äußerlich intakten Familie aufgewachsen ist, aber mit

sich und der Umwelt nicht zurechtgekommen ist. Er
wird zu Hause überfordert, hat kein Selbstgefühl und
muß deshalb nach außen hin eine »show« abziehen.
Ich habe den Eindruck, daß in dieser Familie der äußere
Eindruck und die Anpassung an die Umwelt wichtiger
ist als Zufriedenheit und innere Stabilität. So einem
süchtigen Jugendlichen wird es im Regelfall ohne Therapie
und ohne elterliche Hilfe nicht gelingen, von der Droge
loszukommen. Dieser Jugendliche darf auf keinen Fall
auf die gleiche Stufe gestellt werden mit jemandem,
der gelegentlich auf Partys »hascht«. Sie werden ja auch
nicht einen Mann, der täglich eine Flasche Cognac trinkt,
mit einem Mann vergleichen, der abends ein Glas Bier
zu sich nimmt.

N: Eine andere Frage, die häufig gestellt wird: Jugendliche
Leser finden es prima, daß der Michael zum Thomas
hält, daß er ihm helfen würde, wenn er nur wüßte wie.
Und da ergibt sich auch für Eltern die Frage: Wie soll
sich mein Kind verhalten, wenn es merkt, daß der beste
Freund Drogen nimmt? Den Verkehr abzubrechen, wäre
vom Standpunkt der Freundschaft falsch. Eltern würden
möglicherweise eher vom Umgang abraten . . .

F: Hier sprechen Sie ein ganz großes menschliches Problem
an, dem sich niemand, der einen Abhängigen kennt,
entziehen kann. Ich kann Ihnen keine für alle Fälle verbindli-
che Antwort geben, aber einen Weg zeigen, den ich für
sinnvoll halte: so versuche ich den Kontakt zwischen
Gefährdeten, die freiwillig Hilfe suchen, weil sie ihre
Probleme bewältigen und einen anderen Lebensweg einschlagen wollen, zu Nichtdrogenabhängigen zu fördern. Andererseits warne ich jedoch alle Jugendlichen vor zu engem
Umgang mit Gefährdeten und Abhängigen, die an ihrer
Konsumhaltung nichts ändern wollen. D. h., wenn der
Freund oder die Freundin unbeirrt weiter Drogen nimmt,
ja sogar, wie es häufig vorkommt, dafür wirbt, sollte

der Kontakt abgebrochen werden. Viele Jugendliche, die aufopferungsbereit Drogenabhängigen helfen wollen, geraten erst durch ihr mitmenschliches Engagement in die Drogenszene hinein. Für schwerabhängige Jugendliche, aber auch für Gefährdete gibt es in allen Städten fachkundige Helfer, die der gesetzlichen Schweigepflicht unterworfen sind. D. h., der Jugendliche kann sich vertrauensvoll an diese wenden, ohne Angst haben zu müssen, der Schule, den Eltern oder der Polizei gemeldet zu werden. Darüber hinaus kennen diese Helfer durch ihre Arbeit die Probleme der heutigen Jugend, sie wissen um die schwierige Situation, in der heute viele junge Leute heranwachsen, und haben sich deshalb entschlossen, den Beruf des Drogenberaters, Sozialarbeiters, Psychologen und Arztes auszuüben.

N: Welche Hilfe finden Jugendliche in den Beratungsstellen?

F: Das Wichtigste habe ich bereits erwähnt: Jeder Jugendliche hat die Möglichkeit zu einem vertraulichen Gespräch. Obwohl die Drogen, über die wir hier sprechen, dem Betäubungsmittelgesetz unterliegen und sich jeder Konsument und Händler vor dem Gesetz strafbar macht, dürfen die Beratungsstellen keinerlei Mitteilung an Polizei, Behörden, Schule und Eltern machen. Sie unterliegen der gleichen Schweigepflicht wie Ärzte, Rechtsanwälte und Pfarrer. Darüber hinaus kennen die Suchtberater die psychischen und körperlichen Auswirkungen der Drogen. Sie wissen, welche Hilfsmaßnahmen angebracht sind, und helfen dem Süchtigen bei den weiteren Schritten, z. B. Überweisung in Krankenhäuser, Vermittlung in Therapieeinrichtungen, Hilfe bei finanziellen Problemen usw. An vielen Beratungsstellen existieren Jugendgruppen, die jedem Jugendlichen die Möglichkeit bieten, über seine Probleme mit Gleichaltrigen zu sprechen.

N: Was schlagen Sie als Präventivmaßnahmen vor, um den Gebrauch von Suchtmitteln einzuschränken?

F: Ich möchte hier zwischen Maßnahmen, die das Individuum,
   d. h. also den einzelnen Gefährdeten oder Abhängigen
   betreffen, und solchen Maßnahmen, die ihren Ansatzpunkt
   im gesellschaftlichen Verhalten haben, unterscheiden.
   So gibt es mittlerweile sehr viele Berufsgruppen, die
   sich professionell mit Suchtabhängigen beschäftigen:
   Sozialarbeiter, Psychologen, Ärzte, Suchttherapeuten
   usw. Darüber hinaus helfen unterschiedlichste Organisatio-
   nen und Vereine und die Kirchen den Abhängigen. Auch
   haben sich einige Selbsthilfegruppen etabliert. Kritisch
   betrachtet handelt es sich hier um eine Politik, die zuerst
   das Kind in den Brunnen fallen läßt, um es dann zu retten.
   Wesentlich größere Bedeutung hätten gesellschaftliche
   Ansatzpunkte. Dabei stoßen wir auf einen Widerspruch,
   da die Gesellschaft nicht nur Suchtmittel toleriert, sondern
   sogar dafür wirbt.

N: Das höre ich so oft, daß ich es gern genauer erklärt hätte.

F: Ich möchte nur einige Beispiele erwähnen, um den allgemeinen
   Trend zu zeigen. Abgesehen von einigen wenigen Experten
   weiß z. B. niemand, daß die gesundheitlichen, sozialen
   und wirtschaftlichen Schäden von Alkohol- und Nikotin-Folge-
   krankheiten augenblicklich weitaus größer sind, als die
   durch das Drogenproblem hervorgerufenen Schäden –
   im Gegenteil, für Alkohol und Nikotin wird geworben.
   Nicht nur von professionellen Werbefirmen, sondern
   auch von vielen einflußreichen Politikern, die für ihre
   Trinkfestigkeit bekannt sind, oder von anderen, die ohne
   Zigarette, Pfeife oder Zigarre nicht vorstellbar sind. Ein
   weiteres Beispiel wäre die Produktion von Aufputschmitteln,
   für deren Verwendung es keine medizinische Gründe
   gibt. Trotzdem werden sie produziert und verordnet. Dabei
   zeigt eine amerikanische Untersuchung, daß 90% der
   Produktion illegal verteilt wird. In zunehmendem Maße
   macht die Werbeindustrie für die unterschiedlichsten
   Medikamente als »Problemlöser« Reklame. Theoretisch

Präventivmaßnahmen vorzuschlagen ist einfach: drastische Erhöhung von Alkohol- und Nikotinsteuer, Verbot der Werbung für Suchtmittel aller Art, Einschränkung des Verkaufs auf bestimmte Geschäfte, Einführung der 0-Promillegrenze im Straßenverkehr (immerhin ist bei 0,8 Promille die Fahrtüchtigkeit auf $^1/_4$ herabgesetzt), Verbot von Alkohol und Nikotin in bestimmten Bereichen, z. B. in Krankenhäusern, öffentlichen Verkehrsmitteln, Arbeitsplätzen . . .

Sie sehen, Möglichkeiten gäbe es viele, aber sie sind politisch nicht realisierbar, da der Großteil unserer Bevölkerung jugendliche Drogentote, Millionen von Alkoholkranken, Tausende von Unfalltoten und menschliches und soziales Leid gern in Kauf nimmt, um an den alten Gewohnheiten festhalten zu können. Effektive Präventivmaßnahmen durchzusetzen hieße, die Gesellschaft zu ändern. Weil dazu niemand fähig ist, kann jeder nur versuchen, in seinem Bereich die ihm mögliche Hilfe zu leisten, und für die eigenen Kinder ein entsprechendes Vorbild darzustellen.

**Leseprobe**

# Ingeborg Bayer/Hans-Georg Noack:
# David und Dorothee

»Nur noch drei Flüge heute abend«, sagte Dorothee, als wir uns in die schwarzen Ledersesselreihen fallen ließen und sahen, daß die angezeigten Flüge an den großen Tafeln immer weniger wurden.

»Gab es da eigentlich überhaupt nichts mehr für dich?« fragte ich. »Um 18 Uhr waren doch noch fast alle Tafeln voll.«

»Sicher gab es Flüge, aber die waren besetzt. Die für morgen übrigens auch schon fast alle. Einen Nonstop nach Kopenhagen habe ich schon gar nicht mehr bekommen. Ich muß in Hamburg unterbrechen.«

Ich schaute dem Kellner zu, der die letzten Stühle auf die Tische stellte. Hinter einem der Schalter kam ein junges Mädchen hervor, winkte den anderen zu und ging dann eilig an uns vorbei.

»Wann bist du dort?«

»In Kopenhagen um neun Uhr zwanzig. Dann geht es gleich weiter über Grönland. Ungefähr in acht Stunden bin ich in Amerika.«

»Stell dir vor, wir würden miteinander nach Lima fliegen«, sagte ich und deutete auf den letzten Flug, der gerade an die oberste Stelle der Tafel rückte. »Lima, wie wäre das?«

Dorothee lachte, dann sah sie mich prüfend an. »Sag mal, weshalb bist du eigentlich wirklich hier? Doch wohl nicht, um nachträglich in Erinnerungen an euer Pfadfinderspiel zu schwelgen, oder? Wolltest du etwa nach Hamburg fliegen?«

Ich stand auf und schlenderte zu dem Volvo, der hinter uns stand. »Das war in meinem Kopf noch alles ganz unscharf. Ich konnte mich noch nicht entscheiden.«

»Und wie hattest du dir das überhaupt gedacht?« fragte Dorothee, die mir nachgekommen war. »Mit dem Jumbo-Jet oder wie?«

Ich strich über den Lack der Kühlerhaube und pustete eine Staubflocke weg, die es kaum gab. »Erst hatte ich an Autostop gedacht, dann habe ich mich erkundigt, was so ein Flug mit einer Chartermaschine kostet, natürlich kein Linienflug. Und dann habe ich mir überlegt, daß das vielleicht sogar billiger wäre, weil ich dann das Essen unterwegs spare und die Übernachtung.«

»Und wofür hast du dich entschieden? Du hattest doch noch nicht gebucht, als wir uns kennenlernten?«

»Wenn du es wissen willst – ich bin Rolltreppe gefahren oder Rollsteg, wie das Ding da heißt, dieser fahrende Gehsteig.«

Dorothee schaute mich an, als wäre ich nicht ganz normal. Und weil mich das ärgerte, versetzte ich ihr gleich noch einen zweiten Schlag. »Hast du schon mal was von einem Gottesurteil gehört?«

Diesmal klappte ihr Kinn herunter und blieb unten. Sie hakte nicht einmal nach, so daß ich gleich weiterreden konnte. »Du weißt schon, wie im Mittelalter, wenn sie die Hexen auf dem Wasser schwimmen ließen, um zu sehen, ob sie untergingen oder nicht.«

»Und was hat das mit diesen Rollstegen oder fahrenden Gehsteigen oder Fließbändern zu tun?«

»Ich war doch nicht sicher, ob ich nach Hamburg oder nach München wollte. Darum ging es. Nach München zu meiner Mutter, das hätte bedeutet, daß sie mich sofort wieder zu Oma zurückexpediert hätte. Dann hätte ich also gar nicht erst wegzulaufen brauchen.«

»Und Hamburg?«

»Na ja, das war eben die große weite Welt.«

»Und woher wußtest du, wie du dich entscheiden solltest?«

»Na ja, diese Dinger bleiben doch manchmal stehen, diese Rollsteige, verstehst du? Irgend jemand drückt auf einen roten Knopf, weil er seinen Mantel oder seine Gummistiefel eingeklemmt hat, und dann steht das.«

»Na und?« fragte sie verständnislos.

»Begreifst du denn überhaupt nichts? Stehenbleiben hätte München bedeutet, Nichtstehenbleiben Hamburg.«

Dorothee ging auf die andere Seite des Wagens und stützte sich auf ihre Ellenbogen. »Und da du viel lieber nach Hamburg wolltest, hast du München dem Stehenbleiben zugeordnet, nicht wahr?«

»Na endlich!«

»Und wie fiel das Gottesurteil aus?«

Ich schlenderte wieder zu unseren Sesseln zurück. »Es hat sich eben niemand den Mantel eingeklemmt. Zumindest nicht, als ich fuhr. Zehn Minuten später stand das Ding plötzlich, weshalb, weiß ich auch nicht.«

»Tolles Gottesurteil!« sagte sie und ließ sich wieder in ihren Sessel fallen. »Und damit war dir die Entscheidung abgenommen, oder?«

»Zumindest für heute«, sagte ich und hätte mich ohrfeigen können, daß ich davon angefangen hatte. Vermutlich fragte sie mich jetzt nach Dingen, die ich selber noch nicht wußte.

»Und was ist morgen?«

Natürlich, ich hatte es ja gewußt! »Morgen kann ich immer noch trampen, wenn ich will. Ich weiß ja sowieso nicht, ob die *Havanna* gerade im Hafen liegt.«

Sie starrte vor sich hin, und ich wußte nicht, was sie über all das dachte. »Vermutlich denkst du jetzt, daß ich verdammt schlecht weiß, was ich eigentlich will, wie?«

»Ach was«, sagte Dorothee und stand wieder auf. »Das ist deine Entscheidung, und ich habe darüber gar nicht zu urteilen. Und übrigens: Wer ist schon wirklich frei in seinen Entscheidungen?«

»Du zum Beispiel, wenn du jetzt nach Amerika fliegst.«

»Das wollten meine Eltern. Wegen der Englischnote.«

»Und du?«

»Ich?« Sie schaute zur Abflugtafel empor, auf der gerade die Buchstaben des letzten Fluges davonklapperten. »Komisch, ganz leer jetzt. Sicher die ganze Nacht über.« Sie nahm ihre Handtasche und die Plastiktüte aus dem Supermarkt, holte eine Keksrolle heraus und begann, den roten Faden zu lösen. Über uns gingen immer mehr Lichter aus. Die Halle lag jetzt im Dämmerlicht.

»Das läßt sich alles so schwer erklären«, sagte sie dann. »Ich gehe eben. Aber ich könnte auch hierbleiben. Eines ist so gut oder so schlecht wie das andere. Es gibt dort und hier kein Ziel für mich, wenn du so willst.«

Ich nahm meinen Seesack über die Schulter, aber ich verstand gar nichts. Und ehe ich noch weiterfragen konnte, hatte sie bereits ihre nächste Frage gestellt.

# RTB Jeans

## Mitten im Leben. An den brennenden Fragen der Zeit.

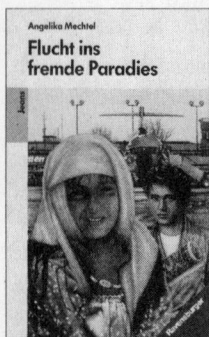

Angelika Mechtel
**Flucht ins fremde Paradies**

Fahimeh und ihr älterer Bruder kommen aus Teheran nach Deutschland. Daß ihr Onkel nicht auftaucht, entmutigt sie anfangs nicht. Deutschland ist eine Art Paradies, wo es keinen Geheimdienst, keine Folter gibt. Aber was ist mit dem Onkel geschehen?
Originalausgabe
**RTB 4066**

Lutz van Dick
**Feuer über Kurdistan**

Avin und Leyla leben als Töchter kurdischer Eltern in Hamburg. Doch dann geht Leyla fort, um an den Befreiungsfeiern am Ende des Golfkriegs teilzunehmen. Doch plötzlich werden die Kurden brutal gejagt, eine Massenflucht beginnt. Avin ist verzweifelt. Lebt Leyla noch?
Originalausgabe
**RTB 4086**

# RTB Jeans

## Engagiert. Von der jüngsten Geschichte betroffen.

Hermann Vinke
**Das kurze Leben der Sophie Scholl**

Sophie Scholl war 21, als sie hingerichtet wurde. Hermann Vinke beschreibt ihr Leben vor und während des Widerstands der „Weißen Rose" in Berichten, Dokumenten, Zeugenaussagen, Briefen und Fotos.
**Deutscher Jugendliteraturpreis, Buxtehuder Bulle RTB 4042**

Robert Westall
**Der Feind**

England, 1940: Ein paar Jugendliche stehlen eine Bordkanone von einem abgeschossenen deutschen Flugzeug und richten sich einen unterirdischen Gefechtsstand ein. Doch ihr Treffen mit dem Feind findet anders als erwartet statt…
Fürs Fernsehen verfilmt.
**Carnegie Medal Preis der Leseratten RTB 4083**

Ravensburger TaschenBücher

# RTB Spannung

## Hautnah. Von Kopf bis Fuß auf Abenteuer angelegt.

Robert Specht
**Tisha**

Alaska, 1927: Anne Hobbs kommt mit 19 Jahren voller Energie und Pläne als Lehrerin in ein kleines Dorf. Eskimos, Indianer und Weiße leben zwar nebeneinander, doch die Grenzen sind nur zu deutlich. Als sich Anne in den Halbeskimo Fred verliebt und zwei Indianerwaisen adoptiert, stellen sich die Dorfbewohner gegen sie ...
**RTB 4019**

Robert Westall
**Spiel mit dem Zufall**

Mit Hilfe einer Katze gelangt John, Student und Motorradfan, ins 17. Jahrhundert. Dort lernt er Johanna kennen und erfährt, daß sie als Hexe angeklagt ist. John plant ihre Rettung und holt Johanna tatsächlich in die Gegenwart. Doch als es um eine dauerhafte Beziehung geht, verläßt John der Mut.
**RTB 4057**

Ravensburger TaschenBücher